新生村志

LOCAL RECORDS OF XINSHENG

黑龙江省黑河市爱辉区新生鄂伦春族乡新生村志编纂委员会　编

图书在版编目（CIP）数据

新生村志 / 黑龙江省黑河市爱辉区新生鄂伦春族乡新生村志编纂委员会编. -- 北京：方志出版社，2018.11

（中国名村志丛书）

ISBN 978-7-5144-3241-1

Ⅰ. ①新… Ⅱ. ①黑… Ⅲ. ①村史—黑河 Ⅳ. ① K293.55

中国版本图书馆 CIP 数据核字（2018）第 210040 号

·中国名村志丛书·

新生村志

编　　者：黑龙江省黑河市爱辉区新生鄂伦春族乡新生村志编纂委员会
责任编辑：齐　笑

出 版 人：冀祥德
出 版 者：方志出版社
地址　北京市朝阳区潘家园东里 9 号（国家方志馆 4 层）
邮编　100021
网址　http：//www.fzph.org
发　　行：方志出版社图书经销中心
电话　（010）67110500
经　　销：各地新华书店
排　　版：北京纺印图文设计制作有限公司
印　　刷：北京中科印刷有限公司

开　　本：787 × 1092　1/16
印　　张：14.75
字　　数：253 千字
版　　次：2018 年 11 月第 1 版　2018 年 11 月第 1 次印刷

ISBN 978-7-5144-3241-1　**定价**：118.00 元

序一

中共十九大报告明确提出："坚定文化自信，推动社会主义文化繁荣兴盛。""没有高度的文化自信，没有文化的繁荣兴盛，就没有中华民族伟大复兴。要坚持中国特色社会主义文化发展道路，激发全民族文化创新创造活力，建设社会主义文化强国。"编修地方志是中华民族千百年来的固有传统，留下了浩如烟海的历史文献，承担着传承中华文明、发掘历史智慧的重任，发挥着存史、育人、资政的作用。

在习近平新时代中国特色社会主义思想指引下，在增强文化自信、推动传统文化创造性转化、创新性发展背景下，全国地方志事业迎来了开拓创新与转型升级的重要机遇期。中国地方志指导小组及其办公室组织实施的中国名村志文化工程，用中国独有的文化载体——地方志，来记录乡村的"名"和"特"，记录乡村全面建成小康社会的进程和取得的成就，是地方志围绕以人民为中心开拓创新的具体举措，是传承乡土文化、坚定文化自信、加快建设社会主义文化强国的内在要求，是服务乡村振兴战略、加快全面建成小康社会、推进社会主义现代化建设、实现中华民族伟大复兴中国梦的应有之义。

实施中国名村志文化工程，是方志人贯彻落实习近平总书记"农村要留得住绿水青山，系得住乡愁"重要讲话精神的重要举措。"望得见山、看得见水、记得住乡愁……"习近平总书记用诗意的语言为中国的新农村建设指明了方向。开展新农村建设、美丽乡村建设，一定要把绿水青山保留下来，尽可能在原有村庄形态上改善农民生活条件，不盲目拆旧，也不盲目造新，让家乡的每一条河、每一棵树、每一口井，都能永远成为我们的乡愁。这是我们弘扬传统、面向未来的底气所在。那么，如何留住乡音、乡风、乡思，继承传统文化菁华，挖掘历史智慧，成为极其重要的工作。实施中国名村志文化工程，保护抢救、传承保存、开发利用宝贵的村落文化，重新唤起人们记忆中古老村落的青山绿水、小河大树、轶事掌故，打造完整记录乡村发展嬗变和现代化农村经济社会运行模式的系列中国名村志丛书，让乡土文化回归并为困惑的当代人提供精神家园，让农耕文化的优秀菁华成为建构农村文明的底色，无疑具有重要的现实意义和深远的历史意义。

实施中国名村志文化工程，是方志人贯彻落实党中央乡村振兴战略的鲜活实践。中共十八大以来，以习近平同志为核心的党中央高度重视农业、农村、农民工作，提出了许多新理念、新思想、新战略，特别是中共十九大报告作出实施乡村振兴战略的重大部署。2018 年 9 月 26 日，中共中央、国务院印发《乡村振兴战略规划（2018—2022 年）》，明确提出“鼓励乡村史志修编”。深入推进中国名村志文化工程，有利于全面翔实记录乡村振兴进程，客观记载地理环境、历史沿革、姓氏源流、人口、民族、方言、民居、宗祠、风俗习惯、家谱族谱、家规族规、宗教信仰、文物遗址、掌故传说、历史事件、人物等，完整保留乡土文化的原貌。所有这些工作，可以为延伸地方志工作触角，充分发挥志书存史、育人、资政功能提供借鉴；可以为社会各界和华人华侨、港澳台同胞寻根问祖、反哺桑梓、泽被乡里提供帮助。依托中国名村志文化工程的重要平台与载体，乡村振兴战略下的现代乡村将进一步挖掘自身独特内涵，彰显其新时代的作用及意义。

中国名村志文化工程从新时代中国特色社会主义的新需求出发，创新体例，立足实际，内容既严谨又通俗，展示了不同地区自然和社会风貌，在坚持志体基础上运用专题报告、回忆录、人物访谈、新闻资料等多种手法，重点介绍农村地区在转型发展方面的探索、示范、引领意义，对于不断提高地方志事业围绕中心服务大局的能力，为乡村改革发展贡献历史智慧，讲好中国故事，彰显中国软实力，增强“四个自信”等方面具有积极意义。

两年来，在借鉴中国名镇志丛书及各地乡镇（村）志宝贵编纂经验的基础上，中国名村志丛书编修不断取得丰硕成果，产生了良好的社会效益，新一批中国名村志的申报数量、覆盖范围延续强劲增长态势，充分体现出强大的内生动力。下一步，要总结经验、把握规律，为服务国家城镇化建设和乡村振兴战略打造更多优秀文明成果，推动中华优秀传统文化创造性转化和创新性发展，从中提炼出适合新时代、新形势、新变化、新要求的文化精髓，展现中国方志的当代价值和世界意义。

是为序。

中国社会科学院院长
中国地方志指导小组组长　谢伏瞻

序二

连绵不断地编修地方志是中国独有的优秀文化传统，承担着赓续文明、传承文化的重任。保存至今的8000余种、10万余卷历代方志，蕴含着传统文化基因和海量文化信息，既是中华优秀传统文化的重要组成部分，又是传承、彰显中华优秀传统文化的重要载体。

在各种类型的地方志编纂中，村志编纂古已有之，但从未进入国家层面的地方志编纂序列。新中国成立以来，党中央、国务院高度重视包括村志编纂在内的地方志工作，出台了重要文件。中央领导发表了重要讲话、作出了重要批示。习近平总书记高度重视包括村志编纂在内的地方志工作。2004年10月，他在担任浙江省委书记时到江山市凤林镇白沙村考察，看到村民编纂的《白沙村志》，鼓励村民把村志继续编纂下去。2014年4月，刘延东副总理在与第五次全国地方志工作会议部分会议代表座谈时指出："要结合发展的新形势，加强对地方志包括部门志、行业志、专题志、乡镇村志编纂的业务指导和服务。"2015年8月，国务院办公厅印发的《全国地方志事业发展规划纲要（2015—2020年）》，正式将中国名村志文化工程列为主要任务之一。2017年5月，中共中央办公厅、国务院办公厅印发的《国家"十三五"时期文化发展改革规划纲要》指出："完成省、市、县三级地方志书出版工作。开展旧志整理和部分有条件的镇志、村志编纂。"可以说，村志编纂迎来了历史上的最好时期。

农业、农村、农民"三农"问题，是数千年来影响中国社会发展最核心的问题。中共中央高度重视"三农"工作，从2004年起，连续13年，每年的中央1号文件都聚焦"三农"。中共十九大报告更是提出"农业农村农民问题是关系国计民生的根本性问题，必须始终把解决好'三农'问题作为全党工作重中之重"，特别是提出了"乡村振兴战略"，这是中国共产党在中国特色社会主义进入新时代后，对农村发展问题所做出的准确把握和与时俱进的战略应对，是建设中国特色社会主义强国战略的重要组成部分。改革开放近40年来，在党中央、国务院高度重视社会主义新农村建设的新形势下，各地涌现出一大批历史文化名村、经济强村、新农村建设示范（试点）村、美丽乡村和特色村，成为先进生产力和先进文化的代表。客观记录中国农村全面建成小康社会的进程，向后人展示在中国共产党领导下农村千年未有的巨变，是地方志工作者肩负的光荣而重大的历史使命。编纂中国名村志丛书，是记载当代中国农村发展变革的重要途径。

文化寻根，寻的是其发展的源头和根基。村落是中国传统文化的根基所在。农村的生产生活方式、社会规范、宗族文化、宗教文化、民风习俗、传统节日、民间艺术等，无不镌刻着中国人独特的民族性格，这就是家国情怀、文脉绵延、精神归属。在快速城镇化进程的冲击和开发性破坏下，大量传统村落面临消亡的危机，村落蕴含的历史文化信息也流失殆尽，抢救性保护刻不容缓。编纂中国名村志丛书，是保存村落历史文化信息，抢救、保护村落文化最好的方式。

一方水土养一方人。家乡的山水草木、村间小巷、乡俗民情会在每个人心头留下深刻的烙印，这就是故土情结。而村落的形成与发展离不开人的活动。编纂中国名村志丛书，通过记述村落建筑、名门望族来追溯村落的历史；通过记述村落规模、布局、人口、物产等反映人口来源、宗族兴衰、生活习惯、文化背景、宗教信仰、经济发展等，体现环境与人相互影响、相互作用、相互发展的既矛盾又统一的关系；通过记述戏剧、音乐、舞蹈、美术、文学、手工技艺等文化形式，展示百姓在长期的生产生活实践中摸索和总结出的智慧结晶，强化人们沟通感情的纽带。编纂中国名村志丛书，是传承乡俗、诉说乡音、记住乡愁、纾解乡思，激活历史传统、唤起共同文化记忆、塑造共同心灵认同的重要文化工程。

中国名村志文化工程以践行文化自信、传承中华文脉、彰显时代发展为己任，以打造全国地方志系统的重要品牌为目标，在体裁运用、篇目设置、资料选择等方面进行大量的创新，突出“名”和“特”，拣选各个名村中最值得记述、最具有代表性的人、事、物，予以浓墨重彩的描画，从而形成系列的、高质量的、可读性强、雅俗共赏的地方志读本，让地方志紧接地气、贴近百姓，让地方志成果进入寻常百姓家，让人民群众共享地方志成果，让越来越多的人从地方志中感知传统、历史和记忆，成为传统村落和传统文化的守护者，成为中华优秀文化的传承者。

是为序。

中国社会科学院原院长
中国地方志指导小组原组长　王伟光

序三

习近平总书记指出：“让居民望得见山，看得见水，记得住乡愁。”这句富有诗意的重要论述不仅唤醒了中国人城镇化建设过程中对于人和自然关系、人和历史关系的思考，同时也引发了学界对“乡愁”进一步进行文化意义解读的兴趣。从本质上看，乡愁是一种源自主体体验的情感，隐含了一种人们带着乡愁追寻自我生存与生命意义、追寻诗意栖居的精神家园的美学思辨。同时，这种追寻自我生存的主体逐渐转向大众群体，乡愁也由传统单一的“文化乡愁”“爱国情怀”演变为对于“理想家园”的精神追求。

中国有近 60 万个村庄，约有 5000 个古村落，被住房城乡建设部和国家文物局界定的传统村落就有 1561 个。随着中国城镇化步伐的加快，乡村的版图日渐凋敝，大批农村青壮年劳动力走进城镇，融入了新的生活。然而，每逢传统佳节，那种挥之不去的离愁别绪挟裹着亿万农民工，又融入了返乡的滚滚洪流。这是乡愁的情愫牵动着他们，是故乡的山、故乡的水、故乡的老屋、故乡的小吃在牵动着他们，是故乡家家户户的楹联和口口相传的故事，以及只有在隆重的传统佳节才有的古老的民风习俗在牵动着他们。

文化可以体现一个民族、一个国家、一个社会的重量与体温，这是文化的力量之所在，而村落是传统中国的根脉所系，乡土社会是最能够体现中国传统文化特征的地方。梁漱溟曾指出：“中国文化是以乡村为本，以乡村为重，所以中国文化的根就是乡村。”我曾在《建设社会主义新农村的理论与实践》一书中指出，在新农村建设的过程中，必须“保护和发展有地方和民族特色的优秀传统文化，创新农村文化生活的载体和手段，满足农民群众多层次、多方面的精神文化需求”，而编纂村志尤其是实施中国名村志文化工程就是一个重要举措。实施中国名村志文化工程，编纂中国名村志丛书，以最基层的村落为研究对象，寻根传统村落的历史，梳理村落的发展脉络，以唤起人们的归属感和认同感，探索新型城镇化和社会主义新农村建设过程中，如何留住乡音、乡风、乡思，继承传统文化精华，挖掘丰富历史智慧，是贯彻落实中央城镇化工作会议精神和中共十九大提出的“乡村振兴战略”的重要举措，是当前和今后一个时期全国地方志工作者的重要工作。

虽然村落文化正在日益远离当下生活，但我们可以抓住诸如基本村情、文物胜迹、古村保护、特色文化、旅游名胜、村域经济、风土民情、村民生活、新农村建设、艺文杂记、名人与名村等关键内容，通过志书的手法来诠释乡村文化的精华。我们如实记录着村落里的人和事，以及青山绿水、小河大树、袅袅炊烟，力争以最完整、最原真的方式呈现村落的前世今生。我们要为“迷失”的人留住乡村文化的根脉，让人们难以割舍的乡愁得以慰藉和释放。

中国名村志文化工程将触角伸向那些极具代表性的村落，它们有的历史悠久、名人辈出，有的经济腾飞、重获新生，有的风景秀丽、景观独特，有的地处边陲、神秘莫测……我们挖掘中国不同类型村落的发展之路，为探索新型城镇化和社会主义新农村建设的发展经验、发展模式、前进道路提供历史智慧和现实借鉴。因此，打造以重在表现乡村嬗变为主旨的中国名村志丛书十分必要和迫切，这是一项功在当代、利在千秋的文化工程。

近年来，随着中国经济社会的发展和国际地位的提高，越来越多的人想要认识中国、了解中国、研究中国。在这样的形势下，乡村是不可或缺的一环，我们要集中讲好发生在乡村的故事，向世界呈现一个多元的、立体的中国。乡村历经岁月变迁的风雨，见证着改革开放的步伐，寄托着数代中国人的情感。发生在乡村的故事无疑是血肉丰满的、震撼人心的、引起共鸣的。我们应该有这个自信能够讲好乡村故事，讲好中国故事，描绘出中国的底色，“让每一个中国人都能在地方志中找到自己的位置”。

可喜的是，越来越多的有识之士认识到了这一点，加入到保护、传承、发展村落文化的队伍中来。仅就编纂中国名村志丛书来看，第一批的申报范围就涵盖包括香港特别行政区在内的32个地区，申报数量高达70余部。“直笔著信史，彰善引风气，为当代提供资政辅治之参考，为后世留下堪存堪鉴之记述”，这是我们的初心和使命。希望中国名村志文化工程的实施，能够带动更多的人关注中国乡村文化，为社会主义文化强国建设作出更大的贡献。也希望越来越多的名村都来融入继承中华文化传统、颂扬中华传统文化的活动中，让正能量更多地润泽温暖人们的心灵，让更多的人“记得住乡愁”！

是为序。

中国社会科学院副院长
中国地方志指导小组常务副组长

中国名村志文化工程专家委员会

中国名村志文化工程学术委员会

黑龙江省黑河市爱辉区新生鄂伦春族乡新生村志编纂委员会

顾　　问　隋　岩　何伟志

主　　任　马　里

副 主 任　陈晓杰　袁建勋　隋　冰　张建国　周　强　田桂珍

委　　员　李思成　莫少华　程知元　陈会学　关永宏　孟宪辉

　　　　　岳月美　祁学俊　王兆明　白长祥　孙运才　王　伟

　　　　　张　慧

特约审稿　宋洪军　王占元　富宏博　徐　萍　白长祥

黑龙江省黑河市爱辉区新生鄂伦春族乡新生村志编纂人员

主编　总纂　田桂珍

副 主 编　岳月美　孙运才

副 总 纂　闫　岩　潘树仁

编纂人员　潘树仁　孙运才　孙冬寒　赵　颖　蒋南京　张　慧

　　　　　尹婵娟

图片提供（按姓氏笔画排序）

　　　　　王兆明　王志玲　尹婵娟　田　超　孙冬寒　孙运才

　　　　　李　传　吴边疆　吴海柱　张　辉　张连柱　张林义

　　　　　张林刚　张金生　杨永生　宣世国　郭旭东

工作人员　陈　钊　刘奥维　崔宝新

猎乡秋韵——缤纷深处猎乡现

中国名村志丛书凡例

一、以马克思列宁主义、毛泽东思想、邓小平理论、“三个代表”重要思想、科学发展观、习近平新时代中国特色社会主义思想为指导，坚持辩证唯物主义和历史唯物主义的立场、观点和方法，存真求实，全面、客观、系统记述中国名村村落发展变化进程和改革开放成果，传承和抢救乡土历史文化，激发爱国爱乡情怀，留住乡愁，为探索中国特色新型城镇化建设、服务乡村振兴战略提供历史智慧和现实借鉴。

二、为全面反映入志事物发展脉络，各志上限尽量追溯至事物发端，下限一般断至各村志启动编修年份，个别重大事项可延至搁笔。详今明古，着重反映时代特色和地方特点，重点体现各村的“名”与“特”。

三、记述地域范围以下限年份的行政辖区为主。为体现名村在更大区域内的意义，可以从更开阔的区域视野记述与该村相关的内容。

四、统一采用纲目体，设类目、分目、条目三个层次。横排门类，纵述史实，述而不论。

五、综合运用述、记、志、传、图、表、录等各种体裁，以志体为主。体裁运用适当创新，篇目设置不求面面俱到，一般意义上的村级内容略去不载。

六、除引用文字和附录文献资料外，统一使用规范的现代语体文记述，行文力求朴实、严谨、简洁、流畅、优美，具有较强可读性。

七、人物部类遵循“生不立传”原则，人物传主按生年排序，只选录对本村发展有重大影响的人物，不面面俱到。

八、各项数据一般采用国家统计部门数据。数据缺乏的，采用主管部门或主办单位正式提供的数据。

九、数字用法、标点符号、计量单位分别执行国家标准《出版物上数字用法》

（GB/T 15835—2011）、《标点符号用法》（GB/T 15834—2011）、《国际单位制及其应用》（GB 3100—1993）和《有关量、单位、符号的一般原则》（GB 3101—1993）。历史上使用的计量单位，如斗、石、里、尺、磅、华氏度等，在引文时可照录。考虑到社会使用习惯，全书中亩不统一换算。

十、中华民国成立前的纪年，使用朝代年号纪年，括注公元年份；中华民国成立后的纪年，均使用公元纪年。志中所称“解放前（后）”，以该村解放日为界；“新中国成立前（后）”，以中华人民共和国成立日 1949 年 10 月 1 日为界；“改革开放前（后）”，以 1978 年 12 月中共十一届三中全会召开为界。本志“×× 年代”，凡未加世纪者，均指 20 世纪。

十一、为节省篇幅，避免重复，本志采用条目互见法。参见条目的表示形式为：参见本志“×× 类目 · ×× 分目 · ×× 条目”。

十二、对旧志、古籍中的繁体字、冷僻字一般用简化字或通用字替换，易引起误解的则保留。

十三、记述各个历史时期的党派、机构、职务、地名等，均以当时的名称为准。对频繁使用的名称，首次用全称并括注简称，其后用简称。

十四、各村志需要单独说明的事项，均在各自编纂始末中记述。

新生村在中国的位置

新生村
爱辉区
黑龙江省
哈尔滨
吉林省
长春
辽宁省
沈阳
内蒙古自治区
呼和浩特
新疆维吾尔自治区
乌鲁木齐
甘肃省
青海省
西宁
兰州
宁夏回族自治区
银川
西藏自治区
拉萨
北京
北京市
天津市
天津
河北省
石家庄
山西省
太原
陕西省
西安
山东省
济南
河南省
郑州
江苏省
南京
上海
上海市
安徽省
合肥
湖北省
武汉
四川省
成都
重庆市
重庆
浙江省
杭州
江西省
南昌
湖南省
长沙
贵州省
贵阳
福建省
福州
台湾省
台北
台湾岛
钓鱼岛
赤尾屿
云南省
昆明
广西壮族自治区
南宁
广东省
广州
香港
澳门
东沙群岛
海南省
海口
海南岛
西沙群岛
永兴岛
中沙群岛
黄岩岛
南沙群岛
曾母暗沙
渤海
黄海
东海
南海
黄河
长江
图例
北京 首都
天津 省级行政中心
未定 国界
省、自治区、直辖市界
特别行政区界
名村所在县级区域
名村
1∶32 000 000
审图号：GS（2017）3697号

新生村在黑龙江省的位置

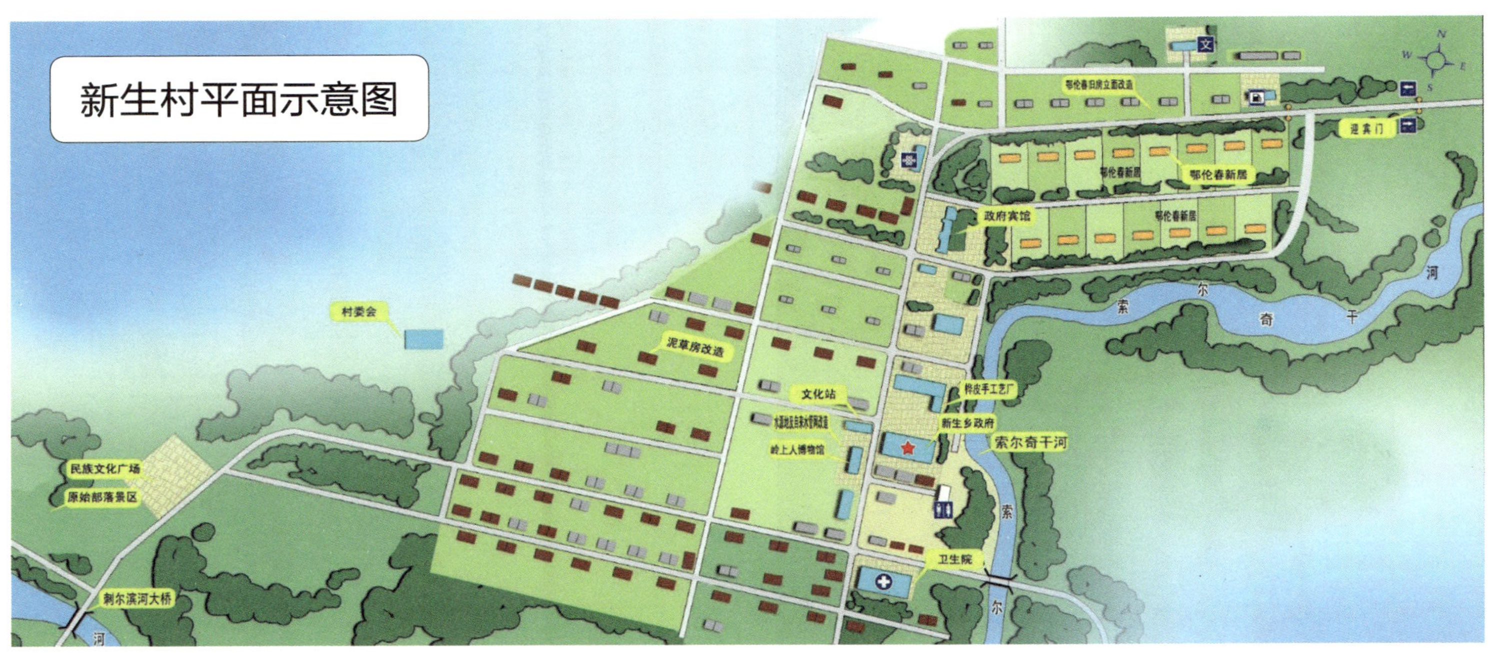
新生村平面示意图
迎宾门
鄂伦春旧房立面改造
鄂伦春新居
鄂伦春新居
鄂伦春新居
政府宾馆
村委会
泥草房改造
文化站
岭上人博物馆
桦皮手工艺厂
新生乡政府
索尔奇干河
卫生院
索尔奇干河
民族文化广场
原始部落景区
刺尔滨河大桥

兴安仙境——灵气萦绕新生村

草原与森林

刺尔滨河・栈道・鄂伦春人

2012 年黑龙江省首届鄂伦春族古伦木沓节在新生村举行

古伦木沓节精彩活动

博奥韧广场

新生村秋景

石头人多彩水湾——刺尔滨河美景

破晓猎乡静万家，朝日鄂人望天涯

民族特色村寨新生村授牌仪式

家级鄂伦春马遗传资源保种场授牌仪式

全国民族团结进步教育基地
国家民族事务委员会
二〇一一年

国家级旅游景区
AAA
国家级旅游景区
NATIONAL TOURIST ATTRACTION
全国旅游景区质量等级评定委员会
CHINA NATIONAL TOURIST ATTRACTIONS QUALITY EVALUATION COMMITTEE

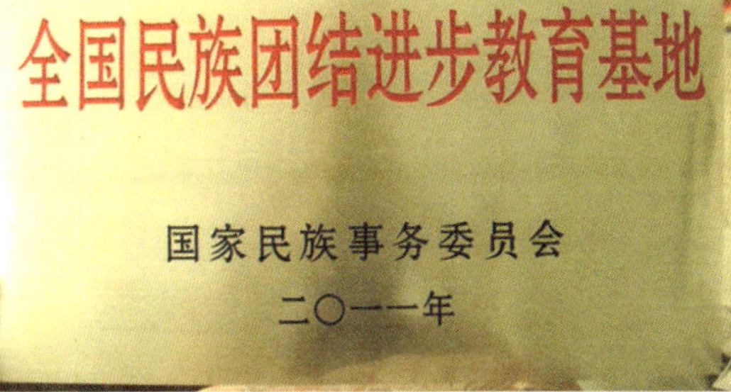

新生村所获授牌一览

目录

兴安岭上　鄂伦春人

巍巍的小兴安岭，潺潺的刺尔滨河，新生村就坐落在这片山野莽莽的黑土地上。新生村自然资源和旅游资源丰富，动物、植物种类繁多，古老的鄂伦春族世居于此，被誉为“北方游猎第一乡”。新生村鄂伦春族同胞自1953年实现定居以来，跨越性地进入社会主义社会，走向新生活。改革开放以后，新生村的经济建设和社会发展成果丰硕。

北方游猎第一乡

新生村，隶属黑龙江省黑河市爱辉区新生鄂伦春族乡（简称“新生乡”，下同），位于小兴安岭北坡、黑河市西北部，地理坐标为北纬 50° 31′、东经 126° 47′，东距黑河市区 76 千米。新生村北部、东北部与新发村、新青村相邻，东部与西峰山乡接壤，东南部与上马厂乡为邻，西部与罕达汽镇交界。乡政府驻地设在新生村，供销社、卫生院、邮电所、银行营业所、林业站、粮食管理所、农机管理站、农业技术推广站、文化站、中心校、中学、小学、派出所等乡级单位均位于新生村。

新生村地处东亚季风气候区，属寒温带大陆性气候。冬季受蒙古高气压的影响，气候寒冷而干燥；夏季受海洋东南季风控制，气候温暖而多雨；春季冷暖交替时，冷气团势力由强到弱，多风且干燥；秋季冷气团周期性南侵，常连绵阴雨。冬长夏短，低温冷湿，无霜期短，光照充足，小麦、大豆生长季节条件优越。全村平均气温为 −2℃ ~ 0℃。1 月最冷，平均气温为 −26℃ ~ −25℃；7 月最热，平均气温为 17.4℃ ~ 20.2℃。极端最低气

繁茂无垠的森林

林海花香

温值可达 -40℃，最高气温值为 36℃左右。年平均降水量 600 ~ 650 毫米，夏季最多，占全年降水量的 65%；冬季最少，仅占全年降水量的 3% ~ 5%。

新生村自然资源丰富。全村土地面积 1200 平方千米，占新生乡土地面积的 3.33%，占爱辉区土地面积的 0.36%。有耕地面积 1415 公顷，占新生乡耕地面积的 39.31%，人均占有耕地面积 1.55 公顷。土壤以暗棕壤为主，也有黑土、草甸土分布。

新生村的林地面积为 67652.67 公顷，占全乡林地面积的 65.47%。主要树种有云杉、冷杉、落叶松、胡桃楸、水曲柳、黄波罗、榆、椴、桦、杨、柳、柞等 30 多种。

在新生村广阔的山林中，生长着珍贵的中药材和野生食用绿色植物。中药材有达子香、人参、黄芪、知母、刺五加、桔梗、苍术、百合、五味子、防风、柴胡等300余种。野生食用绿色植物有山葡萄、越橘、红豆、山梨、臭李子、松子、榛子、橡子、草莓、木耳、猴菇菌、榛蘑、元蘑、灵芝、蕨菜、薇菜、黄花菜、灵芝、山丁子、老山芹、柳蒿芽、刺玫果等 100 多种。

在新生村繁茂的森林里，栖息着种类繁多的珍禽异兽。野兽有马鹿（赤鹿）、驼鹿、狍子、狐狸、猞猁、狼、熊、貉、灰鼠（松鼠）、黄鼬（黄鼠狼）、野猪、獾子、野兔等。东北虎、紫貂在 30 年前已经绝迹。鸟类有天鹅、鸳鸯、白鹳、榛鸡（飞龙）、野雉（野鸡）、沙半鸡、野鸭等，以榛鸡最为有名。近年，天鹅、白鹤已不多见。鱼类有哲罗鲑、细鳞鱼、鲤鱼、鲫鱼、鲶鱼、白鱼、罗汉鱼、东北颌须鮈、东北塘鳢鱼（老头鱼）等。

矿藏以黄金最为出名，品位较好，储量丰富。另有石英砂、花岗岩、铅、铍、云母等矿。

新生村旅游资源丰富，是旅游、狩猎的好去处，被誉为“北方游猎第一乡”。美丽的刺尔滨河两岸山岭起伏，河水清澈见底。在这里旅游，可以春看达紫香花红似火，夏望绿海浩瀚无垠，秋观漫山红叶片片，冬赏冰雪山舞银蛇。

勇悍民族鄂伦春

鄂伦春族是中华民族大家庭中一个古老的成员，是我国六个人口少于 1 万人的民族之一，也是黑龙江省十个世居民族之一。其先民活动范围，在黑龙江以北，外兴安岭以南，贝加尔湖以东，直达鞑靼海峡两岸和库页岛一带，地域极为辽阔。这些古老的先民，主要从事狩猎，被称为“林中之民”。早在公元前 11 世纪，这些古老的先民就与中原建立联系。当时中原王朝对其称呼各异，如魏晋南北朝时称“室韦”，元时称“林中百姓”，明时称“使鹿部”，清时称“索伦部”。这些称呼中都包括鄂伦春族的先民。而把鄂伦春定名为族称，始见于万历四十四年（后金天命元年，1616）。到清朝康熙年间，在奏折中才出现“鄂伦春”或“俄尔春”等字样。

崇祯十六年（后金崇德八年，1643）以后，沙俄不断派哥萨克武装侵入黑龙江流域，烧杀抢掠，使当地各族人民不得安宁。清政府为保卫这一地区，曾不断派官兵北上，围剿和驱逐沙俄入侵者。为保护鄂伦春等少数民族的生命财产安全，自清顺治十年（1653）开始，将受入侵者扰害的石勒喀河和黑龙江中游左岸的索伦、达斡尔和鄂伦春等族居民逐渐迁至大、小兴安岭和嫩江之滨，但黑龙江左岸四十余屯，旗户数百，仍有索伦人、鄂伦春人。

康熙八年（1669），清政府设布特哈（“打牲部落”——满语）八旗，专辖鄂伦春、鄂温克、达斡尔等游猎部落。康熙二十二年（1683），清朝为了加强对黑龙江地区的防务，更有力地打击沙俄侵略者，在江左（东）瑷珲城设置了黑龙江将军衙门，管辖黑龙

鄂伦春族猎民

江两岸、外兴安岭以南广大地区。同治十年（1871），清政府将大兴安岭鄂伦春人按住地分为五路管理，新生村鄂伦春族先民属库玛尔路管辖。

1912年隶属黑龙江省旗务处。东北沦陷时期，库玛尔路、毕拉尔路和阿里、多布库尔路先划归黑龙江民政厅蒙旗科，1934年又将库玛尔、毕拉尔两路划归伪黑河省，由日本特务机关直接控制。解放后，中共黑河地委于1947年春成立黑河地区鄂伦春协领公署，管理鄂伦春族事务。

鄂伦春族是一个富有反侵略、反压迫光荣传统的民族。长期以来，他们同其他民族一起在为维护祖国领土的完整、反抗外国侵略的斗争中做出了自己的贡献。

从17世纪中叶开始，沙俄侵略者不断向南侵略，他们“无端犯我索伦边疆，扰害虞人，肆行抢掠”。清康熙二十三年（1684），鄂伦春头人朱尔铿格率众在精奇里江（现称结雅河，俄罗斯远东区南部河流，黑龙江左岸最大河流）杀死沙俄侵略者多人，并夺其鸟枪。康熙二十四年（1685）、康熙二十五年（1686），在两次雅克萨自卫反击战中，鄂伦春族有565名健儿参战，他们“勇猛善战”“颇称勇敢”，被海内称之为“劲旅”，曾受到清政府的表彰。这种反击沙俄侵略者的传统，在光绪二十六年（1900）瑷珲保卫战中得到更加充分的体现。派出的500名鄂伦春族勇士在瑷珲保卫战、大岭阻击战中发挥巨大的作用，有10人献出宝贵的生命。

白雪策马去，猎人携犬来

定居走向新生活

新生村鄂伦春族同胞自 1953 年实现定居以来，跨越性地进入了社会主义社会，各民族团结一心发展生产，改善生活，走上了社会主义康庄大道。

享受平等的政治待遇。新中国成立前，鄂伦春族处于原始社会末期，生产方式落后，政治地位低下。1953 年 9 月实现定居后，成为中华民族大家庭中平等的一员，同其他民族一起参与管理国家大事。1953—1963 年，新生村有 1 名鄂伦春人被选为黑龙江省人民代表和黑龙江省人民委员会委员，有 3 人被选为爱辉县人民代表和政府委员，有 15 人被选为乡（社）人民代表，6 人被选为乡人民委员会委员，有 4 人当选地、县民族事务委员会委员。到 20 世纪末，全国人民代表大会，省内各级党代会、人民代表大会和各级政协会议中，都有新生村鄂伦春族的代表参加。

新中国成立初期，为实现民族平等、自我管理，先后在瑷珲县鄂伦春族猎民聚集的地方，建立民族自治区域筹委会和民族乡筹委会，管理本民族内部事务。定居后，及时建立鄂伦春族乡，实施民族乡条例，民主选举鄂伦春族人担任乡长、副乡长。一批批有觉悟、有文化、有能力的鄂伦春族干部茁壮成长。

鄂伦春族虽然没有本民族文字，却享有使用本民族语言的自由，并在新生村小学开设鄂伦春族语言课。

转变思想观念。在中国共产党的领导下，鄂伦春族下山定居时那种原始社会末期的思想、习惯逐渐得到转变。信任、拥护中国共产党，热爱社会主义祖国，已成为鄂伦春族群众的共同心愿；过去共同劳动、共同享受的习惯转变为多劳多得、少劳少得、不劳不得的观念；过去只满足自己需要而生产的观念转变为发展社会商品经济的观念；过去有依靠国家救济的想法转变为自力更生、勤劳致富的观念；过去因发展较慢，甘居落后的思想正转变为自尊、自爱、自强、自立的观念。这些思想观念的转变，标志着民族的新生机，从而推动民族事业的全面发展。

农业生产发展迅速。新生村的经济发展主要体现在以狩猎经济为主向以农业生产为主的转变上，大体经历了 4 个阶段：1953—1963 年，是“以猎为主、以农业为辅，有计划地发展畜牧业和其他副业生产”阶段；1964—1973 年，是“以农为主，以猎为辅，积极发展多种经营”阶段；1974—1983 年，是“以农、林为主，兼发展多种经营”阶段；

1984—2016 年，是“以农业为主，种（植）、养（殖）、加（工）、贸（易）、工（业）、旅游全面发展”阶段。自 1984 年开始，农业收入始终占全年总收入的 85% 以上，自 1990 年开始，猎业收入只占全年总收入的 1%。

社会事业得到全面发展。1953 年创建新生村鄂伦春族小学和幼儿园。1958 年设立高小班，1968 年又增设初中班。1980 年新建砖瓦结构的校舍，增添教学实验设备。1983 年新幼儿园达到标准化，1987 年实现中、小学分设。到 2000 年，有中学 1 所、中心小学 1 所（其他村小学 3 所）。进入 21 世纪，其他两个村中、小学学生，全部集中在新生村学校所在地上学。1953 年建立供销社。1979 年，供销社改建为砖瓦结构，营业面积增加到 280 平方米，满足了各族人民群众的消费需求。1953 年建立卫生所，有 1 名医务人员。1983 年改建为 250 平方米砖瓦结构的卫生院，有医务人员 8 名，其中鄂伦春族医务工作者 2 名，鄂伦春族居民全部享受免费医疗。2011 年，投入 266 万元，新建 996 平方米新生乡中心卫生院，配备了 X 光机、B 超、心电图机等医疗器械，鄂伦春族群众医疗环境越来越好。由于生产、生活水平的提高和医疗卫生事业的发展，鄂伦春族人均寿命由定居前的 30 岁提高到 60 岁，婴儿死亡率由新中国成立前的 70% 下降到 12‰，危害鄂伦春族健康的结核病发病率由 1953 年的 25.5% 下降到 1.2%。

生活水平日益提高。新中国成立前，鄂伦春族吃兽肉，穿兽皮，住的是“斜仁柱”，过的是以篝火取暖、以桦烛消长夜的原始社会末期的山林生活。从 1953 年开始，新生

鄂伦春族新居建设

村鄂伦春族猎民住上了内有火炕、火墙取暖的新式房屋。到 20 世纪 90 年代，新生村居民用的是和城里人一样的收录机、电视、电灯、电话、自来水和新式家具，有的还有货车、轿车、摩托车，生活水平不断提高。进入 21 世纪，新生村绝大多数村民用上了移动电话。2012 年，新生村被列入黑龙江省特色村寨建设村，建成鄂伦春族特色民居 25 栋 50 户，相关配套设施仓房 25 栋，有卫生厕所的 202 户；安装具有民族特色栅栏 3460 延长米，街道铺设辅路彩砖 5026 平方米，6 条街道铺装步道板 2382 平方米，修建马路牙子 3884 延长米，道口铺设步道板 2295 平方米。2013 年，新生村被列入第二批“中国传统村落”。2014 年，新生村被授予“中国少数民族特色村寨”称号。2015 年，新生村鄂伦春族特色住宅获得全国第一届田园建筑优秀实例示范二等奖。

1953 年定居后，新生村走猎、农、副各业结合、共同发展道路，促进了民族经济的良性发展。特别是中共十一届三中全会后，打破了“大帮哄”的生产经营模式，调动了广大鄂伦春族群众的积极性，人均年收入逐年增加。1982 年，新生鄂伦春族农民人均年收入 378 元。自 20 世纪 80 年代末开始，人均年收入超千元。1990 年，新生村人均年收入 1313 元。20 世纪 90 年代，新生村在联产承包责任制的基础上，调整农村经济结构，人均年收入稳定增长。1992 年，全村在遭到严重自然灾害的情况下，全村净收入 41.51 万元，人均年收入仍然达到 1198 元。2000 年，在遭受多种自然灾害条件下，全村人均年收入仍达 1128 元。2006 年，人均年收入 2653 元。2010 年，新生村人均年收入 5278 元。此后，随着各项经济收入的逐年增加，2015 年，全村人均年收入首次实现过万元指标，达到 1.19 万元。2016 年，全村人均年收入 1.18 万元。

改革带来大发展

1978 年，中共十一届三中全会胜利召开，中国走上以经济建设为中心的改革开放之路，新生村的经济建设和社会发展徐徐展开繁荣昌盛的壮阔画卷。

1978—1983 年，新生村贯彻中共十一届三中全会精神，解放思想，放宽政策，走发家致富的道路。为解放生产力，调动群众的生产积极性，在多项生产中认真落实联产计酬生产责任制，开始改变那种“劳动大帮哄、计酬大锅饭”的办法。农机包车组制定机车标准工作量、亩耗油量、耕地亩成本等，实行节约部分奖给车组。

1984—1985 年，新生村改变以队为基础的生产组织形式，全面落实家庭联产承包责任制，大大推动了生产和商品经济的发展。

1986—2016 年，新生村进一步完善土地承包责任制和大力调整产业结构：一是解决部分鄂伦春族村民不善于独立经营土地的问题，在自愿的基础上将这部分村民组成粮食生产联合体，派汉族村民任组长，领导开展生产活动。二是在不放松粮食生产的前提下，大力发展农村商品经济和多种经营，努力发展村办企业和个体企业。

进入 20 世纪 90 年代，新生村鄂伦春族人除了冬天狩猎，还开展了农业生产、文化旅游等多种经营。1993 年，随着黑河在对外开放中知名度的提高，到黑河考察、观光、旅游的人越来越多，新生村抢抓机遇，统筹规划，建起具有民族特色的旅游业。到 2016 年年底，先后有俄罗斯、新西兰、澳大利亚、芬兰、法国、德国、日本等 10 多个国家 200 余个团组 3 万余人到新生村旅游，旅游收入 150 万元。

抚今追昔，新生村的社会经济发展出现了历史性的变化，取得了令人瞩目的成就。“感谢党的好政策，赶上了好时代，我们才有了新生活。”这是新生村鄂伦春族人常说的一句话。面向未来，他们还将继续用改革、发展、开拓、创新的壮举，在中华民族大家庭中，同创五彩缤纷的明天。

基本村情

新生村的鄂伦春族先民最早游猎在黑龙江以北、外兴安岭以南、贝加尔湖以东，直达今俄罗斯鞑靼海峡两岸和库页岛一带。他们在广袤无垠的深山密林里从事狩猎活动，被称为“林中之民”。历经风雨沧桑，直到 1953 年，他们走出大森林，下山建立新生村定居。新生村地处小兴安岭北麓，位于黑龙江省黑河市区西北方 76 千米处，是新生鄂伦春族乡政府所在地。新生村先后被授予“中国传统村落”“中国少数民族特色村寨”“中国首届乡村旅游模范村”“全国生态文化村”等称号，是全国唯一保存传统狩猎习俗的村落。

新生村航拍图

建置沿革

村名由来 新中国成立前，黑河地区鄂伦春人长期流动在深山密林里，过着吃兽肉、穿兽皮和分散流动狩猎生活，被称为“林中之民”。中华人民共和国成立后，中国共产党和人民政府为了使鄂伦春族人丁兴旺、更好地发展经济、提高生活水平，多次与

定居前鄂伦春人的生活

定居后鄂伦春人的生活

新生村全貌

鄂伦春人协商定居一事。1953 年春，为了妥善安置鄂伦春族群众，瑷珲县政府投资 1.4 亿元（旧人民币）盖建新房，共建 34 座、63 间房，每户 2 间。9 月，辖区内的宏胡图、哈尔通、九道沟、麒麟屯、大估根德气、小估根德气、卧都河、八道沟、泉河、乌里且德文格、平才房卧子、新立屯、依溪罕、刺尔滨河口 14 个部落的鄂伦春人下山搬进新村定居，开始新生活，故此处名为“新生村”。

村落沿革 新生村鄂伦春族先民的历史可追溯到南北朝时期，他们狩猎活动在黑龙江上游的南北两岸，与其他少数民族统称为“林中百姓”。明朝设立奴儿干都司，下辖卫、所，分管该地区各族民众，其时黑龙江以北的外兴安岭一带有“北山野人”游猎，史称“使鹿部”，鄂伦春人属于其内的“索伦部”①。崇祯十三年（后金崇德五年，1640），鄂伦春人所属的索伦部被“分编为八牛录（即佐领）”，新生村鄂伦春族的先民成为清朝的臣民。同治十年（1871），朝廷将大兴安岭鄂伦春人按住地分为五路管理，其中库玛尔路管辖新生村鄂伦春族的先民。光绪三十二年（1906），清政府于霍尔沁（今爱辉区张地营子乡境内）成立库玛尔路协领公署管辖。1912 年，黑龙江省旗务处管理瑷珲县及周边地区鄂伦春人。1934 年，库玛尔路划归伪黑河省管辖，由日本特务机关直接控制。1945 年，黑河地区行政办事处成立，管辖该区域的鄂伦春族事务。1947 年，中共黑河地委成立黑河地区鄂伦春协领公署。1949 年 1 月 1 日，瑷珲县政府恢复独立办公，管辖瑷珲县及其周边地区鄂伦春人。1951 年 3 月，黑河鄂伦春协领公署在鄂伦

① 关小云、王宏刚著：《鄂伦春族萨满文化遗存调查》，民族出版社，2010 年版，第 20 页。

春聚居地区建立既是森林武装组织又是行政基层机构的护林队。1953 年 6 月 25 日，在瑷珲县鄂伦春族护林队人口相对集中的桦皮窑居住点，成立村（级）区域自治筹备委员会（简称“筹委会”），筹委会代行护林队的基层行政机构的职权。9 月，瑷珲县域内鄂伦春人在刺尔滨河与索尔奇干河的汇流处定居，成立新生村，村区域自治筹备委员会则改称为新生村区域自治筹备委员会。1955 年 9 月 6 日，新生村区域自治筹备委员会改为新生村政府。1956 年 3 月 25 日，新生村政府改为一心高级农猎业合作社（简称“一心社”）。1958 年 4 月 15 日，成立新生鄂伦春族乡，管辖一心社。9 月，成立新生人民公社，乡和公社合并。一心社变为新生生产大队，隶属于乡、社管辖。1983 年，爱辉县并入黑河市，新生公社隶属于黑河市。1984 年 5 月，撤销公社建制，恢复新生鄂伦春族乡建制，新生村隶属于鄂伦春族乡管理。1993 年，成立爱辉区，新生鄂伦春族乡隶属于爱辉区。至 2016 年，新生村隶属于新生鄂伦春族乡，管理关系没有变化。

村域变化 1949 年前，新生村鄂伦春人的先民游猎生活在今爱辉区新生乡辖境及周边地区。1953 年，新生村成立，鄂伦春人在刺尔滨河与索尔奇干河的汇流处附近定居，村域面积约为 900 平方千米。2002 年，新兴村与新生村合并为新生村，全村面积增加，约为 1200 平方千米。至 2016 年，新生村村域面积没有变化。

区位

自然地理区位 新生村地处小兴安岭北麓低山丘陵地带，刺尔滨河与索尔奇干河的

远眺新生村

汇合处，地理坐标为北纬 50° 31′，东经 126° 47′，位于中国黑龙江省东北边陲重镇黑河市区的西北部。新生村是爱辉区新生鄂伦春族乡的驻地。新生村北部、东北部与新发村、新青村为邻，东部与西峰山乡接壤，东南部隔乌里亚河与上马厂乡相邻，南部隔象山水库与七二七林场相望，西部与罕达汽镇交界。

交通地理区位 新生村交通便利，距黑河市区 76 千米，每天有一班公交车到达黑

1958 年新生村村貌

河市区。新生村通过县乡公路经省道 209 线，向北至大兴安岭地区的呼玛县，经黑河市区至省道 311 线，通往逊克县、嘉荫县等黑龙江下游区域口岸城市，西经省道 310 线，去往加格达奇区；经黑河市区国道 202 线，向南去往哈尔滨，通过北黑地方铁路，可到达哈尔滨、齐齐哈尔；距黑河市机场 90 千米，可直达哈尔滨、北京、上海。

经济地理区位 新生村的土地、森林和野生动植物等自然资源丰富，是村域经济赖以发展的重要基础。地处高纬寒地，黑土土质疏松肥沃，适宜种植大豆、小麦、玉米和芸豆等经济作物。新生村位于小兴安岭北麓，茂密的森林中野生动物的种类和数量纷繁复杂，其中貂、飞龙等动物十分珍贵，具有较高的经济价值。同时，新生村林业资源丰富，盛产的野生果、山野菜、食用真菌和中草药四大类经济植物，为村民的经济发展提供广阔的空间。

自然环境

地形、地貌 新生村境地属小兴安岭山脉，支脉、河谷交叉分布，状似叶脉。全村地势北高南低，由于地质构造变动和物理风化作用，形成剥蚀地形、侵蚀堆地形、堆积地形和火山岩地形，构成了低山、丘陵和河谷地貌类型。低山海拔在 400 ～ 600 米；

丘陵主要分布在低山两侧，海拔高度为 300 ～ 400 米；河谷主要有阶地和漫滩两种。阶地面积大小不一，较为平坦，局部略有起伏；漫滩存在于大小河谷两侧及河床中，因冲击而成。

气候　新生村地处东亚季风气候区，属寒温带大陆性季风气候。受蒙古高气压的影响，冬季漫长，气候寒冷而干燥；夏季温暖而湿润，光照充足；春季冷暖交替时升温快，多风且干燥；秋季降温急剧，常连绵阴雨。年平均气温 −2℃ ~ 0℃。1 月最冷，平均气温 −26℃ ~ −25℃；7 月最热，平均气温 17.4℃ ~ 20.2℃。极端最低气温值可达 −40℃，最高气温值为 36℃左右。年平均降水量 600 ～ 650 毫米，夏季最多，占全年降水量的 65%；冬季最少，仅占全年降水量的 3% ～ 5%。全村无霜期平均为 90 天，年平均积温 1500℃ ~ 1800℃。全年日照总时数约为 2655 小时，平均日照时数约为 7.27 小时。温度的年较差与日较差大，5—8 月，昼夜温差达 14℃ ~ 18℃。平均气温小于 0℃的日数长达 185 ～ 200 天。年平均结冰期约为 230 天。6 月下旬至 7 月中旬，深层冻土

芸豆高产栽培科技示范区

才全部解冻，冻土期可达 8 ～ 10 个月，年平均冻土厚度约为 233 厘米。结冰开始日期多在 9 月末，结冰终期在 5 月中旬。旱灾、涝灾和霜冻是新生村的主要自然灾害。

土壤　新生村土壤介于海洋土壤与陆地土壤之间，土壤以暗棕壤为主，还有黑土和草甸土分布。由于成土条件的不同，土壤种类不一，其肥力也有差异。暗棕土是在针阔叶林下发育的地带性土壤，具有典型的森林土壤特征，其有机质主要来源于森林凋落物，腐殖质层薄，平均厚度为 10.8 厘米，表层有机质平均含量 8.26%，腐殖质的组成以胡敏酸为主，土壤成微酸性反应。黑土是在温带半湿润地区森林草甸植被下发育的地带性土壤，其基本性质与肥力状况好，腐殖质层平均厚度为 23.3 厘米，表面有机质含量高，土体内有机质储量较高，腐殖质的组成以胡敏酸为主，土壤呈微酸性至中性反应。草甸土是土体的中下部土层，是草甸腐殖化和底土潜育化过程的产物。其基本肥力状况表现为腐殖质层深厚，平均厚度为 30.2 厘米，养分丰富，但释放慢，供应强度小，土壤反应呈酸性。

芸豆种植

春季兴安杜鹃

夏季白桦林

森林 新生村的森林属于寒温带落叶混交林，林木纵横，树种丰富。主要树种有云杉、冷杉、落叶松、胡桃楸、水曲柳、黄波罗、榆、椴、桦、杨、柳、柞等30多种。2016年，新生村林地面积为67652.67公顷，占全乡林地面积的65.47%。

草原 新生村草原资源丰厚，草质较好，且产量高，适合发展畜牧业。草的种类主要有小叶樟、地榆、蓬子菜、大油芒、野古草、苔草、芥草、沙参、杂草类等60余种。2016年，新生村草原面积为3034.67公顷，占全乡草原面积的6.22%。

广袤森林

秋季白桦林　　冬季针叶林

野生动物　新生村野生动物资源丰富，茂密的森林为野生动物提供了良好的栖息、繁殖和生存条件，野生动物种类和数量纷繁复杂。2016 年，辖区内兽类中毛皮珍贵的动物主要有貂、狐狸、猞猁、黄鼬、水獭、灰鼠、麝鼠、獾子、貉子、豹猫等。肉用动物主要有狍子、野猪、犴、野兔、雪兔等。药用动物主要有熊、驼鹿、马鹿等。鸟类有 100 多种。常见的鸟类主要有野鸡、乌鸡、沙半鸡、榛鸡（飞龙）、天鹅、大雁、鸳鸯、野鸭、杜鹃、乌鸦、丹顶鹤等。鱼类主要有鲫鱼、鲤鱼、鲢鱼、草鱼、泥鳅、鲶鱼、东

棕熊　　驼鹿

小狍子　　梅花鹿　　白头鹤

北塘鳢鱼（老头鱼）、乌鳢（黑鱼）、黑龙江鳑鲏（葫芦子）、蛇钩（川丁子）、东北颌须鮈（砂葫芦）、罗汉鱼（麦穗鱼）、东北湖鳄（柳根池）、狗鱼、日本鳃鳗（七星子）、哲罗鲑等。因河流基本未受污染，鱼类繁殖旺盛、数量较大。

野生植物 在新生村村域内的野生植物中，具有药用价值的中药材有300余种。主要有黄芪、桔梗、苍术、百合、防风、柴胡、平贝、生麻、党参、刺五加、满山红、五味子、赤芍、人参、龙胆、玉竹、车前子等。食用山菜产品有100多种，其中野菜主要有蕨菜、薇菜、黄花菜、山芹菜、猴腿菜、山菠菜、柳蒿芽、山韭菜、四叶菜、黄瓜香、蒲公英（婆婆丁）、苋菜等；野生果类主要有松子、榛子、山核桃、山葡萄、越橘、山梨、臭李子、草莓、野玫瑰（刺玫果）、棠梨果、山丁子、蓝莓等；野生真菌类有猴菇菌、木耳、榛蘑、花脸蘑、松蘑、元蘑、白蘑、草蘑、灵芝等。

野玫瑰（刺玫果） 棠梨果 野果

蓝莓（都柿） 黑加仑 黄花菜 蕨菜

山木耳 野生蘑菇 野生松子 野生榛子

索尔奇干河

刺尔滨河

河流 新生村的河流属于黑龙江、嫩江两大水系，其中，村内的刺尔滨河和索尔奇干河，是新生村的母亲河。刺尔滨河是汇入法别拉河的最大支流，发源于新生乡境内北部的河界山，河水自西向东流，流经新生乡和上马厂乡，全长 115 千米。村内相继汇入刺尔滨河支流的还有榆边河、卡马卡其河和索尔奇干河，河槽宽度 4 ~ 25 米。索尔奇干河的一段从村边流过，水域面积 261.53 公顷，流域面积 816 平方千米，坡降 2.8% ~ 5.1%，水深 0.6 ~ 2 米。

水文 新生村境内的地表水多年平均降水量为 600 ~ 650 毫米，多年平均年径流深 200 毫米，多年平均年径流量为 27 亿立方米。其中，70% ~ 80% 的降水量和 60% ~ 80% 径流量集中在 6—9 月的汛期，冬季降水量和径流量均不足 5%，春季降水量只占全年的 27% ~ 30%。2016 年，人均水量为 10428 立方米，相当于全国人均水量的 7.24 倍。亩均水量为 1623 立方米，相当于全国亩均水量的 0.93 倍，相当于全省亩均水量的 2.96 倍。新生村有水面面积 266.67 公顷，占全乡水面面积的 0.16%，人均占有水面 0.58 公顷。地下水单井涌水量为 100 ~ 31000 立方米 / 日，地下水矿化度小于 0.5 克 / 升，pH 值为 5.9 ~ 6.7，符合人、畜饮用指标，其感官性状指标及毒理学指标均符合标准。地下水温为 2℃ ~ 6℃，总含盐量为 97.4 ~ 538.4 毫克 / 升，灌溉系数大于 18，是较好的灌溉水源。

矿产 新生村及其周边区域主要矿藏有黄金、铅、铍、花岗岩、石英砂、云母等，主要分布在刺尔滨河矿床、桦皮窑林场一带。以黄金最为出名，品位较好，储量丰富。

手工采金

鄂伦春族溯源

族源 新生村鄂伦春族的族源从民族语言、地理位置、经济类型以及文化状况诸方面识别，与他们有比较直接关系的民族很可能是南北朝时期活动于黑龙江流域的北部室韦人。新生鄂伦春族使用鄂伦春语，属于阿尔泰语系的北通古斯语支，没有本民族文字。根据《唐会要》中“室韦言语与靺鞨相通”和《新唐书》称“其语言，靺鞨也”的记载，说明北部室韦诸部中有通古斯语族的民族。据谭其骧主编的《中国历史地图释义汇编·东北卷》考证，贝加尔湖以东、外兴安岭以南、黑龙江省以北的上游地区，东达库页岛是鄂伦春族先民的活动地区。《北史·室韦传》记载室韦人“射猎为务，食肉衣皮，凿冰没水中而网取鱼鳖”，而这种渔猎经济正是新生村鄂伦春人的传统经济生活方式。《隋书·室韦传》记载：“用桦皮盖屋。”《旧唐书·室韦传》也记载室韦人“或为小室，以皮覆上”。新生村鄂伦春人用桦皮或兽皮盖的“斜仁柱”，正是这种小屋。[①] 综合考虑，新生村鄂伦春族的族源为南北朝至辽金时期的北部室韦人（包括北室韦的一部

① 关小云、王宏刚著：《鄂伦春族萨满文化遗存调查》，民族出版社，2010年版，第19页。

分和钵室韦等）。

族称 鄂伦春族的族称在史籍上有“俄尔吞”“鄂尔春”“俄罗春”“鄂伦春”等多种汉文写法，均为同一词的音转。“鄂伦春”族名的含义，通常有两种解释：一是住在山岭上的人，二是使用驯鹿的人。前者说法是鄂伦春族普遍认同的。后者说法在语言学上有一定的根据，鄂伦春语“驯鹿”为“oron”，词根与“鄂伦春”相近，而且历史上鄂伦春族先民确实驯养过鹿。“鄂伦春”这一名称始见于明万历四十四年（后金天命元年，1616）文献记载。据《圣武记》中记载：“天命元年（1616），清廷招服黑龙江南岸之诺罗路。”“诺罗路”即鄂伦春之谐音。在《清太祖实录》（卷五十一）一份奏报中首次提到“俄尔吞”；康熙二十二年（1683）九月上谕中称之为“俄罗春”。直到新中国成立后的20世纪50年代，族称才统一为“鄂伦春”。

氏族 新生村鄂伦春族先民绝大多数是库玛尔路正白旗二佐和镶黄旗头佐的鄂伦春人，其先民氏族原有两个比较古老的氏族，即柯尔特依尔（汉姓写为何）和白依尔（汉姓写为白），后由其他地区迁入的氏族有玛拉依尔（汉姓写为孟）、吴恰堪（汉姓写为吴）、莫拉乎尔（汉姓写为莫）、葛瓦依尔（汉姓写为葛）、杜拉肯（汉姓写为杜）、冒号依尔（汉姓写为赵）、卡那格依尔（汉姓写为韩）、古拉依尔（汉姓写为关）等。近几百年来，原有的氏族又派生分出若干新氏族。柯尔特依尔分出那旦千、红改达千、车车依尔千；白依尔分出吾库萨依尔千、布勒吉依尔千、昭伦千、乌永那千、查拉巴克千；阿其格查依尔分出伊格吉伊尔千、嘎格达依尔。新氏族之间不能通婚，只能在3个老氏族之间通婚。

新生村鄂伦春族“全家福”

◉ 人口

人口政策 新中国成立初期，根据鄂伦春族人口少的实际情况，党和政府鼓励其生育、发展人口。20世纪70年代国家开始提倡计划生育后，政府对鄂伦春族的人口发展仍实行特殊照顾政策。1981年，新生村鄂伦春族人口迅速增长。1983年，根据《黑龙江省计划生育若干规定》中规定，鄂伦春族夫妇（包括与汉族通婚）可以适当照顾生育，对有计划生育要求的要积极支持。1984年，在《〈黑龙江省计划生育若干规定〉补充规定》中又规定，鄂伦春族夫妇（包括与汉族通婚）可以生3胎。1994年，根据《黑龙江省计划生育条例》规定，夫妻双方均为鄂伦春族且符合条例要求的，经本人申请，县级以上计划生育行政部门批准，可生育第三个子女。新生村鄂伦春族群众的生育观念发生深刻变化，尽管国家不断出台实行特殊照顾政策，但是绝大多数年轻夫妻自愿实行计划生育，有的甚至只要一个孩子。20世纪90年代后至2016年，新生村鄂伦春族人口开始进入缓慢增长阶段。

人口姓氏 2016年，新生村共有姓氏106个。汉族人口有66个姓氏。按户籍资料所查先后顺序分别是郑、于、范、任、刘、卜、杨、汪、单、王、庞、邵、代、高、肖、盛、霍、仉、孙、温、甄、周、史、付、林、唐、郭、李、姚、柴、关、宋、汪、胡、马、吕、满、陈、卢、侯、姜、苑、田、韩、阚、初、孔、曹、董、安、石、杜、代、丁、冯、蒋、丛、裴、闫、朱、白等。鄂伦春族人口有24个姓氏，按户籍资料所查先后顺序分别是关、周、徐、张、莫、杨、吴、孟、王、柴、单、戈（葛）、吕、马、赵、纪、崔、刘、唐、李、高、车、金、汪。满族人口有10个姓氏，按户籍资料所查先后顺序分别是胡、梁、高、邵、富、赵、关、王、马、吴。蒙古族人口有3个姓氏，按户籍资料所查先后顺序分别是齐、孟、李。达斡尔族人口有3个姓氏，按户籍资料所查先后顺序分别是杜、车、高。

人口构成 1953年，新生村有人口40户167人。其中，鄂伦春族157人，占总人口的94.01%；汉族9人，占总人口的5.39%；满族1人，占总人口的0.60%。1955年，新生村增加达斡尔族3人。1959年，新生村增加回族4人。20世纪60年代末，由于大批知识青年到新生村插队落户，汉族人口猛增。1982年，新生村有78户337人。2000年全国第五次人口普查，全村人口102户346人，减少了回族。2016年，全村人口264

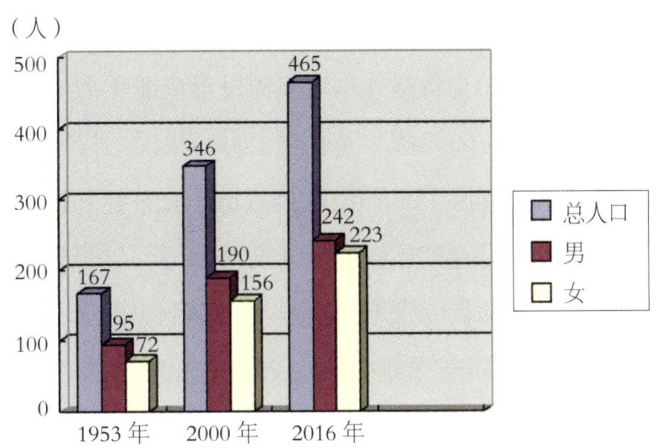

图 1　1953 年、2000 年、2016 年新生村人口性别比例柱状图

户 465 人，有鄂伦春族、满族、蒙古族、达斡尔族、汉族 5 个民族。汉族人口 186 户 347 人，其中男 183 人、女 164 人，占全村总人口的 74.62%。鄂伦春族人口有 55 户 84 人，其中男 35 人、女 49 人，占全村总人口的 18.07%。满族人口有 15 户 22 人，其中男 15 人、女 7 人，占全村总人口的 4.73%。蒙古族人口有 3 户 6 人，其中男 5 人、女 1 人，占全村总人口的 1.29%。达斡尔族人口共 5 户 6 人，其中男 4 人、女 2 人，占全村总人口的 1.29%。

1990 年、2000 年、2016 年新生村人口文化构成一览表

表 1　　　　单位：人

年份	总人口	有文化人口数	有文化人口占总数（%）	小学	初中	高中和中专	大专以上
1990	345	235	68.12	113	90	30	2
2000	346	304	87.86	94	123	60	27
2016	465	420	90.32%	84	210	67	59

◉ 村级组织

中共新生村支部　1959 年，中共爱辉县委派汉族干部组建中共新生公社支部，新生大队（今新生村）与公社为同一支部，有党员 3 人。1960 年，支部发展党员 2 人。20 世纪 60 年代末，随着党员人数的增多，新生大队支部与公社机关支部分设。1974 年，新生大队支部有中共党员 18 人，其中少数民族党员 9 人，占党员总数的 50%。2000 年，

新生村支部有党员 7 人。2016 年，新生村支部设书记 1 人，委员 2 人。有党员 20 人，其中少数民族党员 8 人，占党员总数的 40%。少数民族党员中有鄂伦春族党员 6 人，占党员总数的 30%。

新生村村民委员会 1951 年 3 月，黑河鄂伦春协领公署在鄂伦春聚居地区建立既是森林武装组织又是行政基层机构的护林队（全区成立 11 个队），管理在第一小队桦皮窑和第二小队桦皮窑、刺尔滨河一带的鄂伦春人。1953 年 6 月 25 日，根据《中华人民共和国民族自治实施纲领》，在第一小队、第二小队鄂伦春族人口相对集中的桦皮窑，成立新生村区域自治筹备委员会，黑河鄂伦春协领公署任命筹委会主任、副主任和民教、生产、林政委员各 1 人。筹委会代替护林队行使基层行政机构的职权。1954 年 10 月 6 日，新生村区域自治筹备委员会经过改选后设主任、民教委员、生产委员、林业委员、卫生委员、妇女主任各 1 人。1955 年 9 月，成立鄂伦春民族乡筹委会后，新生村区域自治筹委会成立了村政府，设立村长、副村长、民教委员、生产委员和卫生妇女委员各 1 人。1956 年 3 月 25 日，新生村改称一心农猎高级合作社，建立一心社管理委员会，设村长

新生村村民委员会（2017 年）

1 人、委员 6 人。1958 年 4 月 15 日，一心社改称新生大队。1967 年 6 月，成立新生大队革命委员会，设主任 1 人。1971 年 5 月，在新生大队内划分两个队，新生村为一队。1977 年 1 月，经县批准撤销原新生大队，将一队、二队改成第一、第二生产大队，新生村仍叫第一生产大队。1984 年，新生公社恢复新生鄂伦春族乡后，第一生产大队改成新生村，并建立新生村村民委员会，设村长 1 人，成员 2 人。2016 年，新生村村民委员会设主任 1 人，助理会计 1 人，妇女主任 1 人，治保主任 1 人，成员 1 人。

村民生活

经济生活

收入 解放前，瑷珲区及周边的鄂伦春族仅靠不稳定的狩猎和采集有点微薄的收入，1947 年人均年收入 30 多元。1953 年定居后，在党和政府的关怀下，新生村走猎、农、副各业结合、共同发展道路，村民收入逐年提高。全村总收入约 9686 元，人均年收入 58 元。1962 年，全村人均年收入 156.50 元。1970 年，全村人均年收入 201.25 元。1981 年，全村人均年收入 338 元。1990 年，新生村在联产承包责任制的基础上，调整农村经济结构，全村纯收入 45.3 万元，人均年收入 1313 元。1997 年，新生村纯收入 107.73 万元，人均年收入 3268 元，居全乡各村人均年收入之首。2000 年，由于特大自然灾害，收入减少，全村总收入达 74.65 万元，人均年收入 2157 元。2010 年，全村人均年收入 5278 元。2015 年，全村人均年收入首次实现过万元指标，达到 1.19 万元。2016 年，新生村总收入约 548.7 万元，村民人均年收入 1.18 万元，为 1953 年人均年收入的 203 倍。

消费 解放前，瑷珲区及周边的鄂伦春人生活艰苦，维持最低的生活消费水平。1953 年，新生村村民消费支出很少，消费主要是用于购买酱、醋、油、盐等生活必需品。1960 年后，随着村民收入的递增和物质的丰富，村民的消费支出开始增加。座钟、手表、收音机等价格较高的日用消费品开始进入村民家庭。20 世纪 70 年代末，新生村生产得到快速发展，村民生活水平迅速提高。据 1983 年调查，在新生村的 62 户鄂伦春族家庭中，有黑白电视机 23 台、洗衣机 21 台、收录机 15 台、收音机 23 台、缝纫机 27 台、自行车 5 辆、摩托 1 台、手表 52 只、挂钟 12 只、沙发 12 套、大衣橱 15 个、高低柜 12 个。鄂伦春族家庭家用高档消费品拥有量位居新生村村民家庭的前列。1993

年，村民的家庭消费档次开始向现代化发展。新生村率先在全乡安装有线电视，黑白电视机已被彩色电视机所取代，村民消费方向转向文化生活服务和其他方面。2005 年，新生村村民消费追求目标更高，在衣食住行上，村民从过去的温饱型、实用型、简朴型向营养型、舒适型转变，村民的衣着从粗棉布衣向多样化、高档化发展。村民们家用电器齐全，全部安装闭路有线电视，电视入户率达 100%。彩色电视机、录音机、冰箱、照相机开始普及，少数村民家里购买手机、电脑、摩托以及中、小型汽车。2010 年后，村里的年轻人开始使用智能手机。村民开始购买小轿车，其他消费物品也由生活必需品向休闲、娱乐方面发展。2016 年，在新生村，智能手机和电脑基本普及，村民消费开始注重吃得营养、穿得高档、住得宽敞。至年底，全村有电脑 45 台，手机 350 部，小轿车 20 辆。

挂灯笼

春节

20 世纪 60 年代新生村民居

家庭生活 在家居休闲娱乐上，新生村的鄂伦春族村民仍延续着鄂伦春人传统的方式。农闲季节或是有客人来访时，村民喜欢喝酒唱歌、跳舞娱乐，边喝边唱边跳本民族歌舞，唱词随心所欲，喝得酣畅淋漓。汉族村民喜欢的娱乐是打扑克和麻将。有的鄂伦春村民还喜欢玩鄂伦春族两种古老的棋牌游戏。一种是叫“克燕处吉鄂玉仁”的棋牌，类似象棋，两个人对弈，由将、士、洋、克耶、车、马和炮组成；另一种是叫“班吉吉鄂玉仁”的棋牌，类似围棋，30 个棋子一组，两组共 60 个棋子。在节日庆祝上，鄂伦春人在定居纪念日要举行隆重的庆祝，每 5 年要小庆，每 10 年要大庆。其他的传统节日鄂伦春人渐渐接受当地汉族村民的影响，春节、端午节和中秋节逐步走进他们的生活。至 2016 年，新生村鄂伦春族村民除了和汉族村民一起庆祝春节、端午节和中秋节外，还保留着他们重要的节日——灯节和抹黑节。

21 世纪鄂伦春族新居

社会发展

新生村鄂伦春族村民下山定居以后，在各级党委和政府的关怀和照顾下，新生村经济和社会事业进入迅速发展的新阶段，村民的生活发生翻天覆地的变化。特别是中共十一届三中全会以来，新生村结合国家实施的兴边富民行动、社会主义新农村和城乡一体化建设，进一步推进了民族地区新农村建设全面协调发展。

新村建设

村庄选址 新中国成立后，党和人民政府对鄂伦春族的生存、发展给予特殊的关怀。为了能使周边地区的鄂伦春人下山定居，经过征求瑷珲县鄂伦春族有关人士意见并反复研究后，决定在刺尔滨河和索尔奇干河汇合处建立新村。确定定居地点的条件是靠近公路，交通要方便；水质好，要有牧场；土地肥沃，农业有发展；尽可能靠近汉族村屯，便于互相学习帮助。位置选好后，根据“自力更生，国家适当给予补助”的原则，于1953年春，瑷珲县政府投资1.4亿元（旧人民币）开始为即将定居的鄂伦春族猎民盖房。经过7个月的紧张施工，到1953年9月，被请下山的鄂伦春族猎民搬进新居。鄂伦春族村寨——新生村由此诞生，鄂伦春族村民由此把每年的9月10日定为定居纪念日。

民居建设 新生村鄂伦春族先民定居前多数居无定所，寒冷季节选避风向阳的山沟栖息，春夏秋择水草丰盛的河边而眠；少数有固定居室的家户狩围期全家出猎，淡季时又回原地居住。他们的住室按季节不同有多种形式。夏季住室名称较多，有“麦汉”“林盘”“库米”等；秋季住室称“开依搭柱”；冬季住室有“莫纳”“乌顿住”“斜仁柱”三种，多以“斜仁柱”居住最为普遍。

“斜仁柱”里的鄂伦春一家亲

早期民居

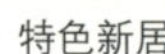

特色新居

特色新居前的街道

特色新居围栏

1953 年鄂伦春族定居时，已经开始不住“斜仁柱”，改住板夹泥和“木刻楞”房屋。前一种住房用木柈子和泥砌成，房顶用小叶章草苫成；后一种住房是用原木垛起来的，房盖为薄板铺成，房内有火炕、火墙、烟筒、窗户和木板间壁。这两种类型的房屋在村内有 36 座 75 间。1970 年年初，村内开始有砖瓦结构建筑。1982 年，由国家拨款统一为鄂伦春族群众建了 18 栋砖瓦房，38 户鄂伦春族村民搬进新居。2010 年，为迎接鄂伦春族下山定居 60 周年，乡政府统一规划，为新生村鄂伦春族居民设计具有民族特色新居，设计方案为“一栋两家”格局。新居充分展示鄂伦春族特色，中间由枪、箭组成的“斜仁柱”形状的房屋，两侧为猎枪组成“斜仁柱”形建筑，体现出鄂伦春族游猎生活时居住的“斜仁柱”的风格。全村投资 1935.62 万元，建设完成新生村鄂伦春族特色民居 25 栋 50 户，免费提供给鄂伦春族村民居住。此后，相继完善相关配套设施仓房 25 栋，卫生厕所 202 座。其中，2011 年建成 16 栋 32 户，2012 年 10 月续建 9 栋 18 户。至 2013 年，国家三年内投入 43 万元为新生村进行旧房立面改造 52 户，投入 123 万元拆除、调剂、翻建泥草房 22 户，新生村

旧土房

村内汉族居民改造后的新房，房屋墙面装饰鄂伦春族符号

完成整村推进泥草房改造。年内，新生村晋升为四星级新农村，荣获第二批“中国传统村落”称号。2015 年，新生村鄂伦春特色民居获得全国第一届田园建筑优秀实例示范二等奖。2016 年，全村通过构建鄂伦春民族特色居室，展现了民族特色村寨的魅力，也为发展鄂伦春族民俗旅游业、打造和推介“北方游猎第一乡”旅游文化品牌奠定基础。

街道建设 1953 年，新生村街道全长 295 米、宽 3 米，均为泥土路面。从 1960 年开始，随着村内人口增多，居民盖房越来越多，文化站、广播站、邮电所等公用设施也先后建成，街道开始增多、加宽并成网络状发展。1982 年，县政府为鄂伦春族建设砖瓦房后，新生村形成东西 4 条主街、南北 3 条路的格局。鄂伦春族居民砖瓦房连片，街道两旁绿树成行。2001 年 8 月 15 日，新生村修筑的全长 800 米、宽 7 米、厚 20 厘米的中心街道水泥路面通过验收。2012 年，新生村先后修建村内中央街等处白色路面共计 2800 延长米，栽植绿化树种榆林松 100 株、银中杨 2000 余株。2013 年，在欢庆鄂伦春族定居 60 周年前夕，结合本民族文化特点，为村内 4 条主街和 3 条路命名。新建库玛尔路、博奥韧路等 7 处街路标志牌，结束了建村建乡以来街路无名的历史。村内街道干净、排水通畅，安装铁栅栏 9600 米，铺设彩砖 2171 延长米、面积 5908 平方米。2015 年，新生村对库玛尔路、博奥韧路 1500 米道路进行改造升级，铺设步道板和沥青地面，村内街道建筑和设施布局更趋合理。2016 年，新生村中央街 800 米砂石路改造升级为白色水泥路面，使街道新建的水泥路面和沥青罩面达到 2138 延长米；各街道铺设的辅路彩砖 5026 平方米，铺装步道板 2382 平方米，安装路脊 3884 延长米，道口铺设步道板 2295 平方米，在街道两旁架设鄂伦春族弓箭式特色路灯 90 盏，全村街道面貌焕然一新。

老街道

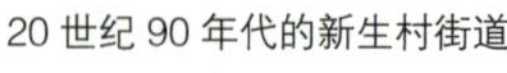

20 世纪 90 年代的新生村街道

新街道

整洁的街道

主要街道

路灯与栅栏

护岸护坡 新生村坐落在索尔奇干河与刺尔滨河汇合处，索尔奇干河从新生村边流过。每遇大雨，河水猛涨，水流湍急，河岸冲刷坍塌严重，甚至危及群众生命财产安全。1985 年，在新生村索尔奇干河流经村屯甩湾处修建护岸护坡工程。2001 年，扩建索尔奇干河护岸护坡工程完工。2015 年，索尔奇干河 180 米护堤和护岸护坡工程竣工，不仅美化了环境，更成为新生村节庆篝火晚会首选地。2016 年，在刺尔滨河新生村河段，

新居前护岸护坡一角

采取河道清淤疏浚及护岸护坡工程相结合的治理措施，开展刺尔滨河近期治理工程，护岸修建全长 3480 米，河道清淤疏浚总长度 783 米。刺尔滨河近期治理工程建成后，总保护长度达到 23.5 千米，形成完善的防洪体系。

饮水改良 新生村村民生活上饮水多用索尔奇干河水。因河距村屯近，水污染严重，且易患大骨节病。乡党委高度重视新生村村民的健康。1992 年，为迎接鄂伦春族定居 40 周年，全力争取改善新生村用水条件，在上级部门的支持下，全村投资近 30 万元，在 1986 年打造深水井的基础上，安装管道 2000 余延长米，使新生村村民和乡直干部 70 余户用上自来水，饮水健康问题彻底解决。2006 年，村内打深水井一眼。2012 年，完成新生村自来水管网改造。2016 年，新生村安装自来水变频设备，安装自来水管道 500 延长米。

截流排涝 由于新生村坐落在山区，每逢夏季遇雨易涝。为了截住山水免成涝灾，保证村民生命和财产安全，新生村于 1974 年挖截流排涝沟长 1 万米、宽 1 米、深 50 厘米，保护耕地 320 公顷。1985 年，为了保护新生村和中、小学校不受山水的袭击，乡政府投资 2 万元在山根和学校之间挖一条长 500 米、宽 5 米、深 1 米的截流沟，共挖出土方近 3 万立方米。2014 年，续建防洪截流沟工程 1 处。

蓄水发电 1960 年 5 月，新生公社为解决新生村村民生活用电和动力生产问题，在县水利部门的指导下，群众昼夜奋战，仅用 15 天挖出 140 余米的水渠，用柳条和砂石在索尔奇干河上拦河蓄水，并在河上游盖起 1 座厂房，安装水轮机和 25 千瓦的发电机。

截流排涝工程

用2个月的时间，自力更生建起1座小型水力发电站。7月1日，实现开闸、送电，群山环绕的新生村第一次实现电灯照明和动力生产。由于发电量小，铁木加工厂、粮米加工厂等均需定时生产（冬季改为柴油发电，每天供电4小时）。后国电送到新生村，水电站停产。1972年，为解决国电的不足，新生村村民再次自力更生挖出长1000余米、宽2.5米、深1.5米的水道，引刺尔滨河水发电。后因发电量小而终止。

文明村创建 1980年，新生村在各级党组织的号召和带领下，开展以“五讲四美三热爱”为内容的“五好家庭”创建活动。同时，根据少数民族村屯的实际情况，积极参与以“治脏、治乱、治差、治愚、治穷”为目标的文明村建设活动。1984年，在村委会和村民的努力配合下，新生村被评选为乡级文明村。1988年，新生村在全乡率先跨入县（区）级文明村行列。1989年，新生村被评为黑龙江省先进民族村。1994年，新生村党支部根据中共爱辉区委提出的“创建文明村要以奔小康为旗帜，以提高村民生存条件为目标”的要求为指导，进一步开展创建文明村活动。村支部按照乡党委提出的“实事求是、因地制宜、典型引路、常抓不懈、滚动推进”的发展文明村建设方针，带领全村各民族群众奋力拼搏。新生村于当年又率先跨入黑河市级文明村行列。1995年，新生乡党委把新生村树立为全乡文明村建设典型，号召各村学习。至20世纪末，新生村已成为全国“文明窗口”，文明村建设进入全面发展阶段。2000年4月

15 日，新生村成立精神文明领导小组，并制定精神文明制度。2001 年，新生村开始注重生态环境建设。2002 年，积极响应区委号召，新生村以环境建设为突破口，开展村容、村貌治理活动。2004 年，爱辉区提出在农村开展“花园农家”细胞工程创建活动，同时结合文明村建设工作，对创建活动进行具体安排部署。新生村对各个街道的杖墙、边沟及花草的种植等做了具体的修整。2006 年，新生村达标的星级文明户有 135 户，其中八星级以上文明户为 112 户。2008 年，新生村晋升市级文明村。随着社会主义新农村建设的不断推进，新生村人民的物质生活水平快速提升。物质文明发展的同时，对新生村的精神文明建设也提出了新任务、新要求。各级党委、政府根据鄂伦春族的特点，重视新生村特色村寨的创建、保护与发展，并着眼规划、积极探索，将鄂伦春族特色村寨建设融入文明村建设之中，使新生村实现了经济发展、民族文化传承和生态环境保护同步协调发展，文明村建设结出硕果。2012 年，新生村成功晋级黑河市级文明村标兵。

◉ 村域经济

农业 新中国成立前，瑷珲县的鄂伦春族以狩猎为主、采集为辅。1947 年，瑷珲县鄂伦春族的经济总收入为 7299 元，没有农业收入。1952 年，由于缺乏种植经验，6 名鄂伦春族与汉族村民组成互助组，种地 30 多公顷，除 2 公顷遭灾没有收成外，其余 28 公顷收小麦 9800 千克，每公顷收小麦 350 千克。1953 年，新生村耕种 18 公顷，产粮收入不足千元，占总收入的 9.4% 左右。1956 年，新生村成立了一心高级农猎业生产合作社，设有狩猎队、农业队和副业队。全村有 39 户入社，农业生产一直处于落后状态。20 世纪 60 年代末，党和政府有计划地安排汉族村民迁入，尤其大批知识青年到新生村落户，掀起开荒种地高潮，促进了当地农业发展。1971 年，新生大队（新生村）耕地面积增至 433.13 公顷，粮食总产 44 万千克，总收入 27.8 万元。首次达到粮食自给有余，向国家交售商品粮 7 万千克。至 1982 年，新生村农业规模越来越大，全村农业收入增加到 35.9 万元，占全年总收入的 75.70%。向国家交售商品粮 42.5 万千克，是 1971 年的 6.07 倍，人均交售商品粮 1207 千克。1984 年，新生村推行家庭联产承包责任制。除土地外，其他生产资料一律归农民个人所有，打破“集体所有，统一经营”的模式，解放、发展了生产力。新生村将全部配套农机具变卖给个人经营，村民每人承包 1.5 公顷的耕地。

大型农机具

此后，新生村的农业收入占全村总收入的比例越来越高，经济发展进入了以农业为主，林、贸、牧、副各业发展的新时期。1997 年，全村净收入 107.73 万元。2000 年，由于遭受严重的自然灾害，全村农业收入仅为 42.72 万元。2011 年，全村农业经济总收入 430.4 万元。

拖拉机播种

2016 年，新生村经济发展以农业为主，有耕地面积 1148.98 公顷。随着农村经济政策进一步落实，农业生产和经营水平正在实现传统农业向现代化农业转变。通过科学种田、调整生产结构，农业生产的科学含量越来越高，对国家的贡献也越来越大。至年末，全村农业收入约 500 万元。

狩猎夏出行

狩猎冬出行

猎民在狩猎

宿营

林中露宿

野炊

狩猎业 新生村鄂伦春族定居前，狩猎是他们最主要的生产活动，也是他们赖以生存的唯一生活来源，吃的是兽肉，穿的是兽皮，住的“斜仁柱”到了冬天也要用兽皮覆盖。1947年，瑷珲县鄂伦春族的狩猎业收入6174元，占总收入的84.59%。1953年，全村狩猎总收入5593元，占总收入的57.7%。党和政府为支持鄂伦春族狩猎业生产，多次免费为新生村猎民更换猎枪，直至全部换成较先进的“五六式”半自动步枪，使狩猎业发展得以保证。1957年，全村狩猎业收入13859.29元，占总收入的54%。猎获狍子287只、野猪127头、黄鼠狼182只、猞猁23只、狐狸35只、貉子3只、狼8只、獾子8只。1962年，根据国务院颁布《关于积极保护和合理利用野生动物资源的指示》规定，新生村按照“护、养、猎并举”的狩猎方针要求，做到“保护”有措施，“猎取”有计划。1972年，全村养鹿存栏数达156头，先后支援兄弟社队12头，向国家交售鹿茸1.2万两。1985年，全村的狩猎业不再是鄂伦春族重要生产活动，所猎少量狍子、野猪等只是他们过年的“野味”。进入改革开放时期，新生村形成“以农业

狩猎归来

为主，种（植）、养（殖）、加（工）、贸（易）、工（业）、旅（游）”全面发展的新格局，狩猎业只是一种副业生产，其收入占全村年总收入1%。1992年，新生村猎民的枪支在非狩猎期间，一律由乡派出所管理。2008年，在全国各地实行禁猎的情况下，国家允许鄂伦春族猎民在规定季节小范围狩猎，以此作为鄂伦春族传统文化而保留继承，也是全国唯一合法持枪狩猎的民族。2014年，爱辉区对鄂伦春族猎枪的发放和使用，制定了严格的规定。此后，每到狩猎季节，新生乡政府和派出所都按时举行猎枪发放仪式，传统的狩猎业发展彻底转变成鄂伦春狩猎文化的保护与传承。2016年，全村有猎民12户。

特色养殖业 新中国成立前，瑷珲区周边的鄂伦春族以养马为主。新中国成立后，针对野生动物日益减少的实际，国务院提出“积极地有步骤地变野生动物、植物为家养家种”的指示，对狩猎明确提出“护、养、猎并举”的方针。1963年，国家投资在新生村建1处养鹿场。养鹿场面积1万平方米，有15个圈舍。国家投资购买梅花鹿，分给新生公社27只，用于发展梅花鹿养殖。1965年7月，人工饲养的母鹿产下第一只幼崽。1969年，全村有鹿219只，其中捕鹿多达21只。饲养员由8人

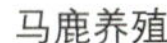

马鹿养殖

梅花鹿养殖

野猪场

牛养殖

鄂伦春种马场

绒山羊养殖

增加到 14 人。同年收鹿 55 只，产值 3 万余元；产仔 54 只，产值 2.7 万元。养鹿业的饲养，促进了农业生产的发展。至 1973 年，养鹿场出售梅花鹿茸 88.4 千克、马鹿茸 927 千克，卖鹿 105 只，总收入 22.85 万元。养鹿的成功与发展，证实了“以养代猎”的正确性，这是鄂伦春族经济生产史上又一次重大变革和突破。1975 年，为了提高鹿茸质量，饲养员解放思想，把当年和两年的梅花鹿经过驯化后实行跟踪放牧。两个月后，鹿壮膘肥，精神振奋，茸质优良。此后，由于鹿和鹿产品价格下降，

鄂伦春马

加上饲料不足，鹿群发展受到影响。2001 年，新生村依据地域环境和水草资源优势，继续注重培育特色养殖产业“走特色路，打特色牌”。年内，新生村建立鹿茸饮片厂，开始饲养马鹿和梅花鹿。全厂有职工 30 余人，产品在广州设有销售网点，远销韩国、俄罗斯等国家，年利润 20 万元以上。鹿茸饮片厂的建成解决了全村部分剩余劳动力，并成为全乡养鹿业的龙头企业。2003 年，村民开始养殖野猪，通过投资入股形式建立特种野猪养殖场 1 座，建有标准化圈舍 400 平方米。当年养殖杂交野猪 2 头、黑熊 2 只。2006 年，新生村的特殊养殖品种有马鹿 2 只、梅花鹿 16 只、特种野猪 150 头和黑熊 12 只。2013 年，新生村依托资源优势，先后成立新生刺尔滨种马场有限公司、德才肉牛养殖合作社等 5 个特色畜牧养殖基地。特色养殖业已逐渐成为全村增收的重要组成部分。2012 年，新生刺尔滨种马场有限公司被确定为国家级鄂伦春马遗传资源保种场。2015 年，新生村引进牧岚牧业有限公司投资落户，其注册资金 1000 万元，前期购进西门塔尔肉牛 50 头，采取“公司 + 农户”模式进行饲养。2016 年，新生村特色养殖品种有野猪存栏 625 头，鄂伦春马存栏 261 匹，绒山羊存栏 1320 只，各类规模养殖户 11 户，全年特色养殖总收入达 200 余万元，拉动了全村经济增长。

特色采集业 在游猎时代，新生村鄂伦春先民的饮食生活是肉食不足时，则用采集野菜、野果以及各种菌类来补充。采集的工具有木质尖状的挖掘工具“乌勒文”、锯齿形舌边的桦树皮桶“古约文”，以及斧子（苏和）和皮口袋（乌塔汉）等。采集生产主要由妇女完成。近些年来，新生村的鄂伦春族在大力发展新兴产业的同时，也发挥他们对山里情况熟悉的优势，与当地各族村民一起积极从事传统特色产品的采集，开发丰富的山野资源。采集的野菜有老山芹、柳蒿芽、野韭菜、山葱、江葱、百合根等，野果有臭李子、蓝莓、红豆、山葡萄、山丁子、马林果和榛子等，食用菌有木耳、蘑菇和猴头等。2016 年，全村从事采集业的有 200 多人，采集产品也多为自家食用。

社会事业

教育

概况 民国初年，由于边境形势需要，鄂伦春族的教育开始受到重视。1921 年，黑河地区内有鄂伦春族小学 7 所，招收周边地区鄂伦春族学生近 200 人。黑河地区解放后，党和政府非常重视鄂伦春族教育。1947 年，瑷珲区的小学允许鄂伦春族儿童可以就近入学。1953 年，鄂伦春族刚定居时，新生村对村民的教育有两种途径，一种是青少年通过上学接受学校教育，另一种是没有上过学的成人接受扫盲教育，以及有一定文化的人接受后续再教育。当年，新生村建鄂伦春（初级）小学。1959 年，鄂伦春族学生葛长海被中央民族学院录取，成为新生村第一个鄂伦春族大学生。到 1962 年，鄂伦春小学有历届毕业生 16 人，其中有鄂伦春族学生 13 人，升入中学 11 人。1976 年后，新生村的学校教育逐渐步入正规化，办学条件明显改善。1985 年，全村普及初等教育。1990 年，新生村教育事业纳入法治化管理轨道，全村教育程度大幅提高，有小学文化 113 人、初中文化 90 人、高中和中专文化 30 人、大专以上文化 2 人，有文化人口占总人口的 68.12%。2000 年，全村小学、中学学生入学率和毕业合格率均达 100%。2016 年，新生村进一步巩固“两全普九”（全面贯彻党的教育方针，全面提高教育质量，普及九年义务教育）和“两基”（基本实施九年义务教育，基本扫除青壮年文盲）成果，全村教育稳步向更规范、更标准化迈进。年内，全村有小学生 35 人，初中生 28 人，高中生 21 人，大专以上学生 8 人。

幼儿教育 1953 年，新生村鄂伦春族定居后，在农忙季节始有看护孩子的托幼家庭式园所。1958 年，实现人民公社后，新生村迅速实现“儿童托儿所、幼儿园化”。这类

20 世纪 50 年代末新生村学生合影

20 世纪 60 年代新生公社幼儿园

幼儿园、托儿所仍是以解放妇女劳动力和看护为目的，教师是在家庭妇女中选择有责任心的人来担任。1959 年，新生村有托儿所、幼儿园各 1 所。其中托儿所有保育员 3 人，幼儿 9 名；幼儿园有教师 2 人，招收学前儿童 22 名。“文化大革命”后期，新生一队办起“育红班”，但没有正规的幼儿教材。1980 年，为加强学前儿童教育，新生村开办幼儿园，有学前儿童 10 余名，并配有专职幼儿教师。1983 年，新生村建立中心幼儿园，有教师 3 人，幼儿 53 人。其中，少数民族幼儿 20 人，分大、中、小 3 个班。园所面积 80 平方米，设有暖气、合乎规格的桌椅和床铺。幼儿着装统一，设健康卡。室外有幼儿活动的滑梯、秋千、压板、单人摇马等设施，达到标准化要求。1987 年，中心幼儿园有幼儿 58 名，其中 4 ~ 6 岁幼儿 48 名，7 岁幼儿 10 名。1996 年，全村基本普及学龄前幼儿教育，入园率达到 80%。进入 21 世纪后，全村幼儿基本都去条件更好的市办幼儿园接受教育。

小学教育　1953 年，新生村建立鄂伦春（初级）小学，学校是一间“木刻楞”房子，有教师 1 名、教学班（复式班）1 个、有 1 ~ 4 年级小学生 17 名。学制为“四二”制，即初级小学 4 年、高级小学 2 年。1958 年，新生村适龄儿童入学率达 100%，教师增至 2 人。学校首次开办高级小学复式教学，学生不出村就可以学完小学全部课程。1973 年，新生村小学学生增加到 78 人，有教职工 6 人。20 世纪 80 年代初，鄂伦春小学改称中心小学，实行五年制。1985 年，学校开始实行六年制。20 世纪 90 年代，中心小学教育进入全面发展的新时期。1997 年 12 月 26 日，省、市、区投资 60 万元在新生村建成一所综合教学楼。1998 年开始集中办学，新生村之外的 3 个小学都集中到乡政府所在地的新生村统一办学。同时，中心小学与中学合并成了“九年一贯制”学校，即小学 5 年、中学 4 年。学校改成为新生民族学校。2016 年，新生民族学校被评为黑龙江省民族教育先进集体和模范希望小学。

中学教育 1966 年春，新生公社在新生村建新生初级中学。“文化大革命”期间，学校停办。1968 年，新生公社复办新生初级中学。1978 年，新生中学教育走上正常轨道，学制为 3 年。1980 年，全校有教学班 3 个，教职工 9 人，在校生 61 人。1990 年后，国家相继颁布《中华人民共和国教育法》等一系列教育法律、法规，使新生中学教育进入新发展时期，教育结构开始进行调整。1998 年，中心小学与中学合并成新生民族学校。2000 年，新生民族学校教学综合楼面积为 1120 平方米，设有学生食堂和宿舍，教学环境优美，教学设施完备，为全村教育的迅速、长足发展提供有力保障。全校有初中教学班 4 个，教职工 12 人，在校生 81 人。2014 年，由于村民生活水平的提高，新生村村民都把学生送到市里就学，学生人数越来越少，新生民族学校逐渐成为民族文化传承的教育基地。

1998 年建成的新生民族学校教学楼

新生中学新校舍落成庆典

新生民族学校鄂伦春族学生课间活动

新生民族学校语言教育

新生民族学校鄂伦春族学生上电脑课

扫盲教育 1953年，为提高新生村鄂伦春族猎民的文化水平，村委会深入开展扫盲教育，多是利用晚上和农闲时间进行学习，在村内开设青壮年识字班、妇女识字班和干部识字班。1954年，瑷珲县委派1名专职教师到新生村开展扫盲工作，成立甲、乙两个扫盲班。甲班属于半文盲班，乙班属于文盲班，有21人参加乙班学习，其中妇女17人，男护林员4人。至1955年，村民中好的学员能认识1800多字，一般学员能认识1400多字，较差学员能认识300～900字。此后，扫盲工作全面展开。1960年，新生村基本扫除文盲，有的鄂伦春族学员学会汉语拼写，达到了能记工、看报纸和写书信的程度。“文化大革命”开始后，新的文盲相继出现。1980年，新生公社中心校开始配备专职干部主抓新生村扫盲工作。1983年，新生村的扫盲学习面

新生民族学校鄂伦春族学生手工制品

达到100%。1992年，按照《中华人民共和国义务教育法》和《扫除文盲工作条例》要求，新生村成立领导小组，扫盲工作纳入法治化。1994年，全村扫盲工作达到脱盲考核验收标准。1998年，新生村青壮年扫盲工作彻底完成。

文化

馆站建设 1964年，新生公社建起1座300平方米“木刻楞”结构的文化站。内有木制舞台、长条凳和图书室，设备有幻灯、风琴、二胡，文化站成为新生村文化活动的基地。在“文化大革命”中，文化站遭到破坏，乐器等器材丢失，文化站成为机库。1980年，在有关部门的支持下，省、县投资12.3万元建造1座560平方米、有400个席位、砖瓦结构的文化站。新建的文化站有舞台、灯光、剧场，还有电影设备、图书室等。1983年，新生村砖瓦结构的展览馆建成，近100平方米。内有鄂伦春族狩猎、生活文物50余件，还有国家、省、市、县领导考察，反映鄂伦春人民生活和各个历史时期变化的照片，共500余幅。2001年夏，爱辉区政府投资15万元，将展馆扩建到200平方米，增加文物等百余件。2002年，省政府投资172万元建成鄂伦春族科技文化活动中心，其面积为970平方米，可容纳300多人。2009年，爱辉区政府投入15万元对岭上人博物馆进行扩建。2012年，在新生村建设博奥韧广场，设有中心广场、舞台、大门和甬道等。广场面积13741平方米，停车场面积6700平方米，总投资563.2万元。2013年，为进一步推动新生乡旅游业发展，爱辉区政府投资88万元对岭上人博物馆进行改造、扩建，增加布展，扩大展馆规模，并升级为黑龙江省博物馆分馆。2016年，岭上人博物馆成为推广和发扬鄂伦春民族文化的基地，也逐渐成为新生村对外发展的名片。

文化活动 新中国成立前，新生村的鄂伦春族先民都是能歌善舞的，但是他们

20世纪80年代初的文化站

2013年改造后的文化站

新生村早期的村民业余文化生活

黑河市民族事务委员会在新生村举办鄂伦春族语言培训班

的文化活动较为单一，就是每逢节日、婚嫁日、狩猎大野兽时，大家围在篝火旁喝酒、唱歌、跳舞。定居后，在新生村村委会的组织和带领下，文化活动开始变得丰富多彩。歌舞表演、摄影比赛、绘画比赛、雕刻比赛、刺绣比赛等各种文化活动逐年增多。文艺演出形式多种多样，有民族歌曲、舞蹈、相声、小品、乐器表演等。新生村涌现出鄂伦春族民歌手吴云花、鄂伦春族摄影家吴海柱和鄂伦春族著名女画家莫鸿苇等著名人物。进入 21 世纪，新生村更加注重鄂伦春族民族文化的传承和发展，积极申报国家级、省级和市级非物质文化遗产传承项目。2010 年，新生村成立的新生刺尔滨鄂伦春艺术团，在各类活动中突出演绎鄂伦春族歌舞文化。2014 年，新生刺尔滨鄂伦春艺术团代表黑河市参加全省首届农民艺术节，并荣获两项一等奖、一项三等奖。同年 8 月，来自黑龙江省各地的鄂伦春族和俄罗斯鄂伦春族代表共聚新生村，庆祝新生鄂伦春族乡举行的 2014 年古伦木沓节。2015 年，新生村的鄂伦春族先后与俄罗斯那乃族、埃文基族等少数民族开展文化交流互访活动，新生刺尔滨艺术团走出国门演出，在传播鄂伦春民族文化的同时，提高了新生村的社会知名度。2016 年，新生村举办各类民族文化传承活动，开设民族语言、鄂伦春歌舞、桦皮技艺、兽皮技艺培训班，全力做好非物质文化遗产抢救工程。先后建成图腾柱、迎宾门和展览馆等基础设施，使其成为村民的爱国主义教育基地和国防教育基地。全村每年举办的古伦木沓节和篝火晚会已经成为全区文化活动的亮点，建在索尔奇干河畔的湖心岛综合民俗游乐园更是全村文化展示的名片。2016 年年内，新生村举行民族歌舞演出 60 余次，有中央民族歌舞团、俄罗斯民族艺术团、韩国艺术团等到新生村演出歌舞。截至 2017 年 7 月，新生村有国家级非物质文化遗产传承人 1 人，省级非物质文化遗产传承人 6 人，市级非物质文化遗产传承人 15 人。

鄂伦春传统文化技艺培训班

“斜仁柱”搭建技艺省级传承人莫彩强传授“斜仁柱”搭建技巧（2014 年）

口弦琴演奏技艺省级传承人吴瑞兰讲解口弦琴演奏技巧（2014 年）

兽皮制作技艺国家级传承人孟兰杰讲解鄂伦春族传统剪纸技巧（2014 年）

兽皮制作技艺国家级传承人孟兰杰在讲解鄂伦春族狍皮制作技艺（2014 年）

兽皮制作技艺国家级传承人孟兰杰传授鄂伦春族刺绣方法（2014 年）

医疗 新中国成立前，新生村的鄂伦春族先民卫生条件极差，虽然他们懂得用天然药材治疗疾病，但仅限于治疗一些简单的小病，严重的病人多数因延误诊治而死亡。常见病主要是消化系统、呼吸系统和妇科疾病，伤寒、霍乱、结核病等传染病也在他们中间蔓延。鄂伦春族群众通常是请萨满跳神来祛除疾病。新中国成立后，党和政府关心鄂伦春族人民身心健康，经常派医务工作者去鄂伦春族聚居区为他们检查身体，宣传卫生常识，并为他们诊治疾病。1953 年，新生村成立卫生所，有大夫、护士各 1 人。鄂伦春人的医药费全部由国家报销。“文化大革命”期间，对鄂伦春族实行多年的医疗补助被全部取消。1970 年，成立公社卫生院。村民一些常见病、多发病不出村即可得到医治，危重病人送到县医院治疗。通过开展爱国卫生运动，使村民养成良好的卫生习惯。1978 年，中共十一届三中全会后，少数民族政策得到落实，鄂伦春族公费医疗得以恢复。对患病住院的鄂伦春族群众，除报销全部医疗费用外，住院期间每人每天还给予 2 元的生活补助，后增至 4 元。1980 年，新生卫生院有医护人员 4 人，其中主治医师 1 人、医士 2 人、护士 1 人。1990 年年初，新生村开展以服硒防治大骨节病、灭鼠防治出血热和防治肺结核病为重点的卫生运动，全面实施计划免疫，起到保障各族人民身体健康的作用。20 世纪 90 年代末，在新生村群众身体素质明显提高的情况下，卫生工作提出“预防为主、防治结合”的方针，全乡医疗卫生工作进入规范化管理的新阶段。2011 年，乡政府投入 266 万元，在新生村建成 996 平方米的新生乡卫生院，有 7 名医务人员，配备 X 光机、B 超、心电图机等医疗器械，卫生院的医疗水平大幅度提升。年内，新生村落

2011 年建成的新生乡卫生院

旧卫生院

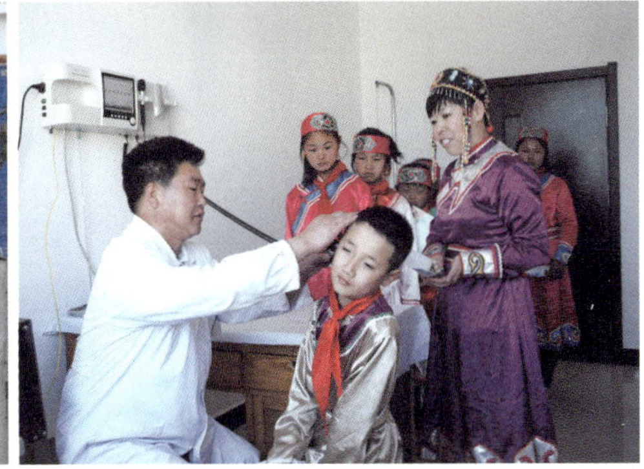

新生乡卫生院医生为新生村学生免费体检

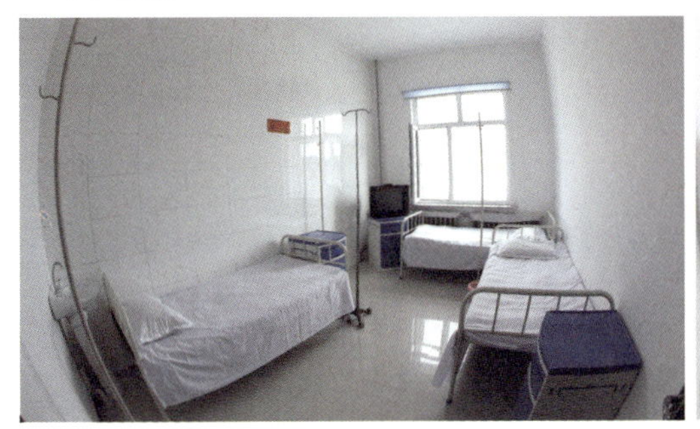

新生乡卫生院住院室

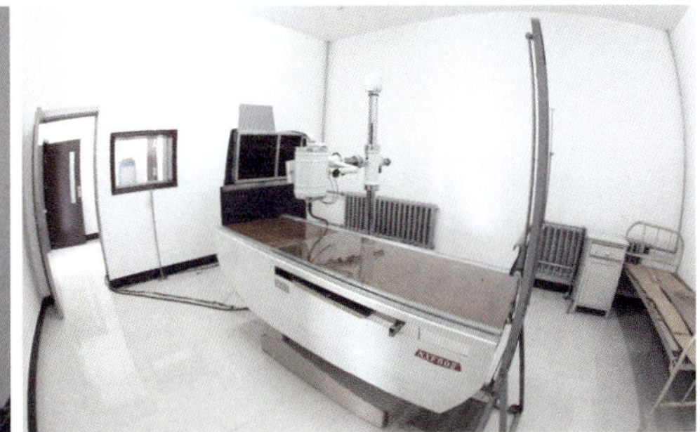

新生乡卫生院先进医疗设备

实新型农村合作医疗政策，全村“新农合”参合率为100%，实行村民在乡卫生院就医减免诊查费、注射费等举措，减轻群众就医负担，改善群众医疗环境。2016年，新生村围绕“保覆盖、保安全、保效益、保持续”的目标，继续推行卫生院起付线外基本医疗费全报销制度，加大农村重大疾病保障力度，积极改进门诊统筹，全面落实农村各项医疗保障制度。

体育 新生村的鄂伦春族先民在狩猎之余喜欢射箭、赛马、滑雪、摔跤和跳绳等传统体育运动。鄂伦春族在新生村定居后，党和政府提倡在鄂伦春族群众中开展传统与现代相结合的各种体育活动，篮球、足球、乒乓球、田径项目先后在鄂伦春族群众中推广。同时，在新生鄂伦春小学设有小篮球架、单杠等简单的体育设施。1955年10月1日，新生村举办一次小型运动会。运动会上有鄂伦春族传统赛马、射击等项目比赛，并从鄂伦春族运动员中选拔6名运动员参加黑河专区射击比赛，有3人参加了黑龙江省射击比赛，都取得较好的成绩。20世纪60年代后，随着汉族人口的增多，田径、球类、棋类等现代体育运动在新生村各族群众中普及。80年代后，新生村的体育事业得到进一步的发展，以健身为目的的群众体育运动成为村民自觉行动。中学始设专职体育教师，

赛马比赛

“打布鲁”比赛

拉杠比赛

学校体育教学步入正规化。90 年代后，除了新生村举办的运动会以外，群众性体育活动更加普及，每逢节假日、庆祝日，新生村鄂伦春族群众还举行赛马、射击比赛。进入 21 世纪，新生村群众体育内容更加丰富，村委会积极组织村民开展健身操和体育锻炼。在 2016 年爱辉区首届少数民族运动会上，新生村代表团获得摔跤、赛马、射箭三项民族体育项目一等奖，展现了鄂伦春族传统体育竞技的继承和发展。

打靶比赛

摔跤比赛

射箭比赛

射击比赛

社会保障

扶贫济困 1953 年鄂伦春族定居后，国家在扶持新生村发展农业生产的同时，时刻关怀着新生村村民的生活。对于新生村的贫困户和临时遇到困难的村民，国家有关部门及时拨付困难救济款或粮物。1978 年后，新生公社各村开展扶持贫困户和生活困难的优抚对象活动。扶持资金一是由国家直接拨款，二是从救济款中按 40% 比例提取。新生村扶持对象重点是严重贫困户，而对生活困难的优扶对象，主要扶持他们发展家庭副业、种植业和养殖业生产，使他们借助于外力尽快脱贫。1990 年，新生村的扶贫工作一改过去只由国家拨付扶贫款方式为鼓励单位、集体或个人捐款、捐物等多种形式的扶贫，同时扶贫工作重点向鄂伦春族的贫困户倾斜。1999 年，针对新生村的鄂伦春族贫困户，采取与机关单位对接包扶的方式救助。年内，爱辉区直属机关等 5 个单位包扶鄂伦春族贫困户 10 户。包扶方式主要是扶持生产，重点解决贫困户的种子和化肥；其次是捐款捐物，以解决贫困户生活等方面的急需。2000 年，爱辉区政协包扶新生村鄂伦春族贫困户 5 户。2003 年元旦、春节之际，爱辉区委组织部到新生村慰问 20 人，每人发放慰问金 500 元，为 111 户贫困户发放救济粮；11 月 29 日，确定新生村省扶贫开发办要扶贫对象 56 人，其中鄂伦春族村民 30 人。2006 年，爱辉区农委扶持新生村贫困户 142 户，并确定全村低保户为 32 户 42 人。2016 年，《新生乡精准扶贫方案》出台，明确工作目标。在驻村工作队的指导下，新生村党支部、村委会集体学习，明确工作目标，落实责任人和具体保障措施，计划全村贫困人口在 2018 年上半年全部脱贫。截至年底，全村有贫困户 1 户 1 人。

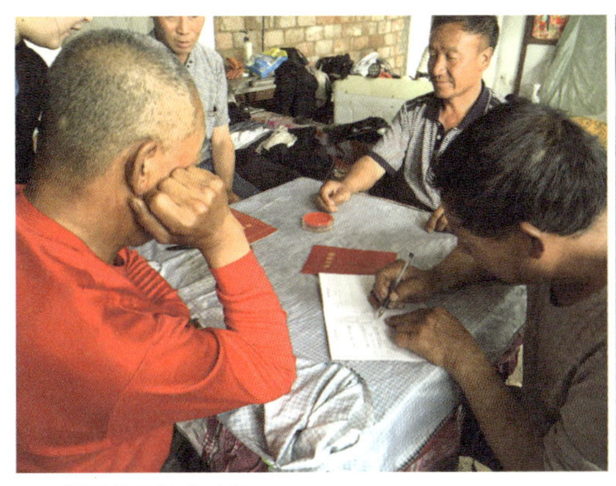

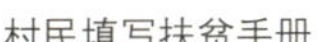

村民填写扶贫手册

在村民家张贴扶贫对象识别和建档立卡宣传单

五保户 20 世纪 50 年代初，新生村无子女的孤寡老人得到党和人民政府的关怀，每年国家民政部门拨发救济款、物。他们分得的农田则由所在村屯集体组织代耕，孤寡老人的生活得到基本保障。农业合作化以后，对社内孤寡老人的吃、穿、住、医、葬实行必要的保证，即五保。所需的费用，在社队的公益金中列支。1957 年，新生村有 2 户孤寡妇女被确定为五保户，每人每年补助 300 元。1958 年建立幸福院（养老院），新生人民公社成立后，社内五保户的抚养费从生产队的公益金内支出。1963 年，新生公社幸福院停办。幸福院收养的 5 名孤寡老人（其中男性 2 人、女性 3 人）成为生产队的五保户，扶养费由生产队的公益金支付，孤寡老人独立生活或到县级敬老院生活由老人自由选择。1972 年，新生公社新生一队有五保户 2 户 4 人，每人每年补助 252 元。1976 年，新生公社第一生产队（今新生村）的 5 户五保户，从公益金中共支付抚养费 2044.70 元。20 世纪 80 年代后，新生村的五保户都统一送到县敬老院抚养，抚养费由村里或乡里支付。

老社员补助 为落实党的民族政策，体现社会主义优越性，1982 年 3 月 21 日，新生公社第一生产队党支部和管理委员会决定“对贡献大、人老体弱的老社员，在晚年期间给予生活保证”，“按生产队的基本能力，提取 15% 的护林工资”作为给老社员的补助资金。7 月 28 日，公社批准对鄂伦春族老社员的补助办法。批示中指出：“劳保待遇的年龄可按女的 55 岁，男的 60 岁执行，老弱病残例外。”按照规定要求，新生村补助鄂伦春族老社员 17 人，全年共补助 2874 元。这个政策一直执行至 2000 年。此后，随着村民生活水平的大幅度提高，这个优惠政策逐步被取消。

孤儿收养 中华人民共和国成立后，对于从小失去双亲的孤儿，国家或集体承担扶养教育的责任。这些孤儿在农村如由农户领养，国家定期发给救济补助金，或由所在村屯对其吃、穿、住、医、教（学校教育）实行五保办法。扶养补助期限到 18 周岁，有独立生活能力为止。1994 年，新生村鄂伦春族孤儿孟英武（女）考取齐齐哈尔民族师范学校，她的学习费用得到区、乡人民政府的支持。其中，爱辉区政府决定自入学之日起，每年由区财政支付 1000 元学杂费，新生乡政府和新生村村委会每年出资 2500 元，保证孟英武的学习。

民族工作

党和国家非常重视民族工作，针对新生村的鄂伦春族居民生活的实际情况，制定出一系列的住房、医疗、教育、生育等特色政策，使定居后的他们有了新房子、新农具、新衣服，和兄弟民族同胞一起创造了新生活。

民族平等

参政议政 1953 年 9 月，为实现自己管理自己，新生村成立民族区域自治筹委会。

1955 年 12 月，新生村民族区域自治筹委会改称新生鄂伦春族乡区域自治筹备委员会。

1958 年 4 月 15 日，在新生村召开了新生鄂伦春族乡第一届人民代表会议。新生村选举出代表 11 人，其中鄂伦春族 9 人，汉族 2 人。选出乡人民委员会委员 5 人，其中鄂伦春族 4 人，汉族 1 人。成立新生鄂伦春族乡人民委员会，选举新生村猎民吴春和（鄂伦春族）为第一任乡长，鄂伦春族有了当家做主的权力。

民族乡成立后，根据宪法的规定，定期召开乡人民代表会议，开展民主政权建设。其间，新生村鄂伦春族先进代表和优秀分子被选送到乡（公社）政府担任领导职务，有的被选为各级人民代表。至 1963 年，新生村鄂伦春族中，有 1 人被选为省人民代表和省人民委员会委员，有 3 人被选为县人民代表和政府委员，有 15 人被选为乡人民代表，有 6 人当选为乡人民委员会委员。新生乡历届政府乡长均由鄂伦春族人担任。

1993 年，新生村先后有 8 名鄂伦春族先进分子加入中国共产党，有 3 人先后被选为省、市、区、乡各级人大代表或政协委员，有 4 人获得区、市、省和国家级荣誉称号，有 5 名鄂伦春族中青年在乡的各条战线上工作，有 3 人被先后输送到上级党政领导部门工作。

新生村鄂伦春族共产党员入党宣誓

新生村内各族群众参加古伦木沓节活动

2013 年 9 月，新生村先后有 10 多名鄂伦春族先进分子加入中国共产党，有 5 名鄂伦春族的村民被选为省、市、区、乡等各级人大代表和政协委员，同其他民族代表一样参政议政，有 7 人被授予区（县）以上荣誉称号。

2016 年，新生村有 6 名鄂伦春族人被选为市、区、乡三级人大代表，同其他民族代表一样参政议政，真正实现各民族间的平等。

改变生产关系 清朝末年到民国年间，鄂伦春族内部在劳动组织上，是以“安嘎”（鄂伦春族的小家庭）为单位，集体劳动为主。在产品分配上，基本上是在“安嘎”中按猎手平均分配，有的产品还要在全“乌力楞”（祖父母所生的几代组成的血缘家庭组织，鄂伦春族称为“乌力楞”）中平均分配。这种不分技术高低，也不分所猎物多少，都能各得一份猎品的分配方法，不利于生产力发展，而且在新中国成立初期仍在延续。其落后的生产关系，同社会主义“各尽所能，按劳分配”的生产关系不协调。

建村定居前，鄂伦春族社会经济形态还处在原始社会末期，其分配形式是“共同劳动，平均分配”，阻碍生产积极性的发挥，束缚了生产力的发展。主要表现为作为生产资料的马匹为私有，且各户占有马的数量悬殊。为改变旧有落后的生产关系，党和人民政府在新中国成立初期生产、生活非常困难的情况下，千方百计地安排好鄂伦春族群众的生产、生活。新生村通过办初级社、高级社的办法，走合作化的道路，对社员实行“按劳分配”，即出工记分，不出工不记分，贡献大多记分，贡献小少记分。这种新的分

鄂伦春族学术研讨会

配制度，使鄂伦春族生产关系得以调整、改变，从而步入社会主义社会。

◉ 民族团结

团结互助 新中国成立前，历代统治者对鄂伦春族实行民族压迫和民族歧视政策，特别是日伪时期，日本侵略者不仅不准鄂伦春族务农，并把已经实现半定居、习农的鄂伦春族重新撵进深山，而且挑拨其与汉族的关系，不准他们与汉族来往。

给鄂伦春族村民送粮（20 世纪 70 年代）

新生村各民族群众庆祝传统节日夜晚的篝火

新生村各族群众尽情欢乐

新中国成立后，中共中央要求各级领导干部，要坚决地执行党的民族政策，这是民族团结的根本保证。新生村的历届领导班子坚决贯彻党的民族政策，各民族空前团结，形成“你帮我，我帮你，你离不开我，我也离不开你”的局面，涌现出许多感人事迹。定居初期，汉族同胞进山生产的人较多，经常发生迷失方向现象，新生村鄂伦春族同胞每次得知这样的消息，都要进山寻找，主动把人带回家，安排好吃住，第二天再亲自送客人回家。同时，汉族村民积极帮助鄂伦春族村民选种、种地，指导他们生产和生活。

1982 年 6 月，新生村鄂伦春族孤儿吴少华因半身不遂又感染褥疮，汉族村民王德林、单子瑞主动护送到黑河地区医院和省医院医治。炎热的夏天，褥疮大面积化脓，他们不怕脏，不怕累，像护理自己的儿子一样照料他，喂水喂饭，日夜守护两个月之久。

随着新生村的发展及上山下乡知识青年的插队落户，汉族和鄂伦春族通婚的数量猛增，更加促进了民族团结、民族融合。1983 年，有 23 名鄂伦春族男、女青年与兄弟民族（以汉族为最多）的青年组成幸福美满的家庭，占鄂伦春族青年总数的 59%。这样组成的家庭，在新生村被称为“团结户”。当年，新生村被省委命名为民族团结模范村。

2002 年，新生村有 54 户“团结户”，占鄂伦春族总户数的 71%。截至 2016 年，鄂伦春族男、女青年与其他民族青年组成家庭已经非常普遍。

培养民族人才　1952 年，中共黑河地委举办鄂伦春族干部培训班，有学员 142 人，其中护林队长 11 名，指导员 7 人，新生村的猎民 45 人。同时，为提高鄂伦春族干部的政治素质和文化素质，选送鄂伦春族骨干到各类学校学习。黑河地区输送鄂伦春族干部到黑河行政干部学校 6 人，省干部学校 4 人，黑河文化班 2 人，中央民族学院 1 人，省医士学校 3 人，黑河医院助产班 2 人。其中，新生村鄂伦春族青年有 5 人参加各级、各类培训。同年，协领公署汉族干部有计划地培养鄂伦春族干部 11 名，经过一段时间后再派回村屯或护林队任职，新生村有 4 人参加培训。

至 1963 年，党和人民政府更加注重培养鄂伦春族干部，通过组织鄂伦春族各界人士代表学习培训、教育参观等形式，培养各类民族人才，提高其政策理论水平。11 年间，黑河地区共 11 次组织鄂伦春族参观团外出参观、学习，其中新生村鄂伦春族有 28 人次在省内参观，有 8 人次到全国参观。

改革开放后，鄂伦春族中优秀人才成长较快，培养的方法也随之改变，主要是提拔

黑河地区鄂伦春民族干部扩大会议（1958 年）

当代民族干部（2013 年）

重用，在各级领导岗位或工作岗位上锻炼，并送进党校和大专院校深造。新生村鄂伦春族干部在社会主义建设中做出了突出成绩，涌现出一大批先进模范人物和优秀人才。

2000 年，中共黑河市委组织部、中共黑河市委统战部、黑河市人事局、黑河市民族事务委员会联合下发《关于培养选拔鄂伦春族干部的工作意见》，加大培养选拔鄂伦春族干部力度。

截至 2016 年，从新生村成长起来的各类干部人才 50 余人，其中较为突出的有：鄂伦春族第一个拖拉机手吴克用、全国供销系统模范莫金元、鄂伦春族第一位女共产党员及第一位全国“三八红旗手”吴彩春、新生村鄂伦春族的第一个大学生葛长海、中国民间文艺家协会会员莫桂茹、中央电视台《东方时空》特邀记者张林刚、黑龙江省摄影家协会会员吴海柱、桦皮镶嵌画首创者莫鸿苇、民族语言课教师张玉花、远近闻名的致富能手张林江等。刘翠兰、刘晓春、刘军三姐妹不仅先后大学本科毕业，而且又先后攻读了硕士、博士学位，成为新生村鄂伦春族第一批具有高学历的女性。

落实民族政策 1953 年 9 月，党和国家为了鄂伦春族实现定居，尽快地适应当地生活，在扶持农业发展方面给予他们很多的优惠政策，并享受平等的生活待遇。

1956 年 3 月 25 日，新生村成立一心高级生产合作社，在解决公有化股份基金问题上，照顾鄂伦春族的狩猎特点，规定有 3 匹马以上的猎户，每户可留 1 ~ 2 匹马，个别马多的猎户可留 3 匹马的政策。猎枪登记后，归个人使用，对日造“九九”式和俄制

“别拉弹克”失效枪，国家逐步给予更换。据统计，1963年旧式猎枪全部调换，并使用上新式半自动步枪，保证了鄂伦春族狩猎生产的需要。

中共十一届三中全会以后，对在“文化大革命”中新生村村民被扣发的工分、收回的枪支全部退还；停发的护林员工资（全区35万元）全部补发，恢复民族领导干部的职务，在政治上也做恰当的安排。

1997年1月18日，黑龙江省民族事务委员会下发《关于加快鄂伦春族乡村经济和社会事业发展的若干政策措施的联合通知》，新生村按通知要求全面落实鄂伦春族发展生产、“普九”教育、医疗卫生等方面的优惠政策。

2006年，黑河市委、市政府联合下发《关于进一步加强民族工作加快少数民族和民族地区经济社会发展的实施意见》，进一步明确鄂伦春族学生在九年义务教育阶段免交学杂费和书本费，并享受学生补助费政策。同时，按政策要求，新生村注重培养、使用、选拔鄂伦春族干部。

2016年，黑河市委、市政府联合下发《关于加强和改进新形势下民族工作的实施意见》，对全面提升少数民族和民族地区社会事业水平给予新的优惠政策。据此规定，新生村的鄂伦春族小学生每学年补助130元，中学生每学年补助150元。对鄂伦春族特困生在住宿管理费、伙食管理费等方面给予适当减免。考入大中专院校鄂伦春族学生的学费由考生所在地政府承担，考入大专以上院校的学生享受加20分的照顾政策，政府给予鄂伦春族大专以上的学生每人每年5000元的学费补助。至年底，新生村全面落实党和国家的民族政策和民族法律法规，逐步实现“共同团结奋斗、共同繁荣发展”的目标。

深山冰雪“斜仁柱”

宗教信仰

新生村的鄂伦春族人定居前，由于生产力低下，同外界接触很少，人们对大自然感到无能为力，对各种自然现象也无法理解。因此，认为有一种神秘的力量支配着自然和人类，产生万物有灵的宗教观念，他们笃信萨满教。定居后，随着汉族、蒙古族、达斡尔族人口迁入新生村，现代无神论信仰也进入鄂伦春人的生活，传统的萨满教逐渐消失。

祭祀火神

自然崇拜

受万物有灵的思想影响，自然崇拜在原始宗教中产生最早、影响面大、延续时间长。鄂伦春族把天上的日、月、风、雨、雷、电和地上的山川、动植物都作为崇拜的对象。

“透欧博如坎”（火神） 火可以给人温暖、熟食，也可以使人遭难。因此，鄂伦春族认为火是自然界的一大神灵，还认为火神是位女神。因此，火神由妇女来供奉。每年正月初一的早晨，要先向篝火磕头，回到屋子还要向屋中央火塘磕头。每天吃饭要先向火塘中扔肉、扔饭，以示供奉。对火的崇拜还表现在不准向火堆倒水，也不烧迸火星的木柴，以防触犯火神。

“得勒钦”（太阳神） 鄂伦春族认为太阳给人以光明、温暖，没有太阳，人类和世界万物就不能生存。所以，鄂伦春人不论画什么神像，都少不了画太阳，就连两个人争吵时，往往要向太阳发誓。人们遇到困难，就要向太阳祷告，望能得到太阳神的保佑。发生日食，认为是天狗在吃太阳，以敲铜盆来驱走天狗。每年农历正月初一必须向太阳跪拜。

“别亚”（月亮神） 鄂伦春族对月亮非常崇拜，认为月亮是善良、慈祥的女神，每天都在做饭奉献人间。每年五月十五日、十六日，是拜月、赏月的日子。人们崇拜月亮，在神像上画太阳时，也忘不了画月亮。若数日打不到野兽就祈求月亮神帮忙：把干净的桦皮盆盛水放到外面，如果第二天发现盆里有什么兽毛，就认为会猎到什么野兽。

祭拜树神

月亮神之所以被鄂伦春族爱戴，是因为月亮神不仅善良，而且给人以方便，是夜间给人指路的值班神，保护人们在黑夜里走路安全。

“奥伦博如坎”（主管仓房的女神） 鄂伦春族对北斗星也特别亲切，认为它是由七姊妹组成的，很像他们的高脚仓库，因此把北斗星视为保护仓库的女神。所以每年除夕、正月初一或中秋节的晚上都要祭拜北斗星。

“根球鲁阿狄尔”（风神） 鄂伦春族认为风和雷、雨、电、彩虹一样神秘莫测，而且风会给人们带来灾难，使人们产生敬畏之心和供奉之心。为了使人们不遭风灾，鄂伦春族用草制作风神偶像，把一束草一头扎紧，一头散好，插在“斜仁柱”附近，人们经常观望它，有时也放供品，盼望风调雨顺。

“白那恰”（山神） 鄂伦春族认为“白那恰”是统辖山川峻岭及山林中动植物的山神。为了供奉山神，在山中选一棵粗大的树，在树根下离地十几厘米处阴面，用斧子轻轻地将一块树皮削掉，用黑炭画上眼睛、鼻子、嘴巴、胡子，似人脸形，猎人路过时都要跪拜、磕头。这种神像，一般在狩猎过程中随时制作。鄂伦春族如果几天打不到野兽，就会求助于“白那恰”，祷告保佑多打野兽。若打到野兽，回来路经山神处，猎人们会拿些兽血、兽油抹在神像的嘴部，以此感谢“白那恰”的赏赐。而且不许高声喧哗，不许吵闹，极为虔敬。直到如今，新生村有的猎民在出猎时仍然祭拜山神。

“穆都里罕”（河神） 鄂伦春族认为河神能管龙，弯弯曲曲的河流是龙行走时画出来的。河水造福人类，人们生活离不开河水，不仅喝河水，而且还捕河里的鱼。另外，河水威力很大，涨到一定程度会给人们带来灾难。因此，人们经常供奉它，祈祷河神保佑行船平安，捕鱼丰收。每当春暖开花时节，人们会到河中心向河里洒酒投肉，以示对河神的敬仰。

其他崇拜

图腾崇拜 鄂伦春族除崇拜各种自然物和自然现象之外，对动物也极为崇拜，认为动物是自己生活中必不可少的条件，所以把动物尊奉为神加以崇拜。在长期对动物的崇拜中，鄂伦春族逐渐形成以熊为图腾崇拜，并作为氏族的标志。他们认为，熊同他们有某种亲缘关系，这是看到熊的某些特征和人非常相像：熊能坐在地上，用前肢抓食物放到口中，像人一样进食；熊可以用后肢站立，像人一样行走；直立时，还会像人一样用前肢作眼罩遮光远望。

图腾柱

图腾文化

大力神

鄂伦春族称熊为“底力坎”，但不能直呼其名，而称雄熊为“雅亚”（祖父）或“阿玛罕”（大爷），称母熊为“太帖”（祖母）或“恩民河”（大娘）；打到熊，不能说打到了，而说是“可怜我了”；把熊打死了，不能说死，而说“布土恰”（成了）或“阿帕恰”（睡了）；打到熊后还要对熊说：“不是故意的，是误杀了你，你不要加害于人，还要保佑我们多打野兽。”

鄂伦春族视熊为神，对它有很多迷信：妇女不能铺熊皮，否则会不孕或流产；妇女不能吃熊的前半身肉、心脏等；打到熊后不能用骟马驮，不能用怀驹的骒马驮，也不能用儿马驮。

从前，把猎获的熊抬回来时，猎人要像死了长辈一样边走边哭。当猎人驮回熊快到“斜仁柱”时，还要发出“嘎！嘎！”的叫声。“斜仁柱”的人听到学乌鸦的叫声，知道猎取了熊，同样学叫“嘎！嘎！”声，出来迎接。全“乌力楞”人员坐在“斜仁柱”前吃熊肉时，要由年纪大、有威望、狩猎经验丰富的人指挥，男女分开，分别煮肉吃肉。指挥发出“嘎！嘎！”的声音，大家也边吃边发出“嘎！嘎！”的声音，意思是说不是他们在吃它的肉，而是乌鸦在吃它的肉。吃完肉，还要把熊骨集中起来，举行隆重的风葬仪式，唱《古落依》歌。歌词古朴、简单、优美、动听，充满对熊的无限恐惧和虔诚，如泣如诉地请罪，赞颂之词诚诚恳恳，祈福禳灾之情真真切切。

鄂伦春族对虎也很崇拜，称虎为“诺颜古热苏”（兽王）、“木奴木义热格其”（长尾巴），称狼为“额古德阿木嘎其”（大嘴），在狩猎过程中，不能直呼其名。新中国成立后，随着珍稀动物的逐步减少和鄂伦春族老一辈人的逐渐离去，这种传统习俗也名存实亡，而新生村大多数鄂伦春族青年根本就不了解这些崇拜习俗。

祖先崇拜 进入母系氏族社会后期，由于生产力的发展和世系观念的加强，以及受灵魂可以单独存在的观念影响，人与自然不分的那种自然崇拜和图腾崇拜的观念得到削弱，于是人类的信仰进入了祖先崇拜的阶段。鄂伦春族的祖先崇拜不是崇拜所有死者，而是崇拜氏族中共同的祖先。这些祖先是对氏族产生、发展做出贡献，产生过重大影响的人，这样的人被称为“阿娇儒博如坎”（祖先神）。“阿娇儒”是“根”的意思，“博如坎”是神，原指母系氏族时的祖先，后演变为父系氏族祖先。“阿娇儒博如坎”主要在举行氏族大会时祭祀，是用松木雕刻的神偶：像个人形，有头，身子是锯齿形，下有腿，在其旁挂有一个小皮口袋。供奉的神龛是个桦皮小圆盒，供奉时取出挂在“斜仁柱”里“玛路”的位置上，平时装在盒里挂在“斜仁柱”里，迁徙时驮在专为驮神像的马背上。鄂伦春先民相信人死而灵魂不死，会保佑家族、氏族狩猎顺利，子孙繁衍平安。在氏族大会上，氏族长念氏族祖先的名字时，参加大会的人都要跪下听，只有这时，他们才能听到祖先的名字。这种仪式叫“都路布尔”，要在夜间举行，祭祀不能点灯。祭祀前要杀牲见血，一般用黑毛野猪或犴，但若没有也可以用狍子代替。除祭祀大会外，如遇族内人有病，需萨满跳神，也要将神偶请出，并杀野猪或犴祭祀。供奉祖先只能是本族人。新生村的鄂伦春族人和其他民族一样，对自己的祖先都是敬仰和崇拜的。

神偶、神像 神偶是原始宗教崇拜中被赋予神格化了的某种灵物或偶像，认为在其身上具有某种超人的神力，能作用于人类或影响人类的生命，进而予以供养、崇拜。

神偶崇拜是鄂伦春族萨满教的重要组成部分，随着宗教信仰逐步复杂，神偶和神像的种类也越来越多，制作也较过去精细。大体可分为五类：一是用天然木料精刻而成，多是祖先、自然和图腾崇拜的神灵；二是画在布上、纸上，并涂有颜色，多为野外的神，即古老的神灵；三是绣在布或皮子上的神偶，多是管马、牧草的神灵；四是刻在桦皮上的，用雕刻工具刻出各种图案花纹；五是草类编扎成的。

“阿娇儒博如坎”，祖先神，也是萨满的主神。神像用松木刻成，也有在布上画的。同时，绘有或刻有太阳、月亮、鸟兽等。萨满向它祈祷保佑家庭人丁繁衍，平安幸福。每家都供奉在“玛路”上方。

“玛鲁・布尔干”，家庭保护神。常常挂在“斜仁柱”西面。偶像是用木片刻出16个人体形状，缝缀在一块方布上，布上方的边缘呈“八”字形缀两块皮毛。也有的玛鲁神是4个木偶，其中2个单腿，2个双腿，面貌基本相似。

“居拉西其”，灶神。神像是用草绑成的人形，或在布上画上人形。

“楚卡博如坎”，马神。神像画在布上，为两个人形，旁侧还有差官站立。每逢马患病即可在草甸子上祭供，因此，也有人认为是司牧草之神。

“奥毛西莫口”，保佑孩子的萨满神。如有人家生了孩子怕不好养活，可请萨满来保佑。

“恩古色尔”，专司人畜疾病的神。传说它的根生在风里，它的脉通过旋风同天上彩虹相连。每次祭祀要3只狍子，供毕，肉可食，但骨头需3天后再砸坏。

“玛鲁毛木台”，阻碍猎获野兽的神。据传说，几天打不到野兽是此神阻挡的结果。此时就得祭祀此神，但不得同时祭其他神，否则别的神会生气，照样阻碍打猎。

“额尼音博如坎”，管人间麻疹的神。神像是在布上或纸上画几个人形。

“埃尼博如坎”，管天花之症的神。

“斯文博如坎”，凶神，附上人体后发热、说胡话。神像用木头雕刻出人形，还刻有日、月形象。

“翁库鲁博如坎”，管各种疾病的神。神像是在白布或纸上画出4个、7个或8个人形。

“树栓克博如坎”，也是管各种病灾之神。神像有木刻的，也有在布、纸上画出的，但数目一定要双数。

“敖律博如坎”，狐仙，是一种凶神。神像则是在布或纸上画出狐形或人形。

“吉雅其”，牲畜之神和狩猎丰收之神。神像以金银箔纸剪成手牵手的5～6个人形，再剪一个太阳和一个月亮，共贴在一块布上。也有人认为是财神。

“德勒库达日依乐”，管人畜抽风病之神。神像是在一块布上画两条龙、两条蟒、两只凶鸟、一个太阳、一个月亮，再用木制的抽筋状的人形，把它卷起来放在桦皮盒中来供。据说是外来的凶神，所以祭在“斜仁柱”外边朝北的一面，这个地方妇女不能去。

“召路博如坎”，专管马等牲畜安全的神。神像是在一块兽皮或布上用马尾或马鬃绣成两个简单有鼻、口的人形，人形的脚下画成两个兜，再做木制马放在两兜中间而成。

还有“乌仁哈达尔”（无名疾病之神）、“胡鲁斤哈达尔”（司疹病神）、“额古都娘娘”（司天花之神）、“尼其昆娘娘”（司麻疹之神）、“额胡娘娘”（司人身上生红斑点的神）等。如今新生村鄂伦春族人除了在出猎时有的还祭拜山神，以及在古伦木沓节时祭拜火神外，对其他各神基本没有举行过祭拜仪式。鄂伦春族青年多数不知道这些习俗。

1980 年，新生村莫宝龄旧房拆除时出土的一套神像、神偶中，有用木片刻成的在身体部位围有狍皮的神偶、神像 24 件；有用木片雕刻的太阳、月亮、星星、小鸟、鱼、乌龟等自然神偶、神像 37 件；有用一尺多见方的布上缀两排或三排木制和铅制并饰以皮毛的组合神偶、神像 3 幅；还有用布裱纸画成的水粉画 17 幅。这些神偶、神像分别装在 4 个长条状鸭嘴形的桦皮盒中。从出土的神像、神偶中，还发现一些新的神偶：

“摩摩恭”，已婚妇女保护神。由数个木制神偶和数个鬼偶在一起组成。神偶“格勒赫尔”，脸型宽阔，面相勇猛凶狠，头上有菱形头盔。此神能骑善射，有开山之力，是恶魔蟒猊最怕的神。神偶“慈敖察列”为长腿迅跑之神，其行如飞，可以帮人摆脱蟒猊的追赶。偶像方形脸，束发，身穿狍皮袍子，两条腿露出皮袍外。

“蟒猊”，恶神。偶像多为桦皮片刻成：方形脸，面相丑陋，头上是锯齿状，有 9 个头。此凶神善于变化身形，能走会飞，吃食儿童，抢劫妇女，但最怕砍掉中间的头。

“娘娘神”，生育之神。是幅精美的水粉画，主体为身着华服的一对男女，他们盘坐在两朵盛开的莲花上。这对男女头部笼罩在光环之中，男女侍从按性别分列主人身旁。人物前面有香案，香碗内插 3 炷香，有 4 只供碗和 1 只酒杯，下面画有兔子、喜鹊、青蛙等。从莲花、光环看，画面有佛像的特征，与鄂伦春族传统的画法不同。

◉ 萨满教

萨满　鄂伦春族信仰原始的自然宗教——萨满教。他们认为，人是处在各种神灵包围之中的，而且人在生活中会自觉不自觉地触犯神灵。因此要有人充当媒介，能沟通神灵和人的关系，调节人和神灵之间的矛盾，便产生了萨满。“萨满”一词，来源于通古斯语，意为“因兴奋而狂舞的人”，后来成为萨满教巫师的通称。

萨满分为两种：一种是“莫昆”萨满，即氏族萨满，一个氏族只有一个萨满。最初

萨满仪式

的萨满产生在母系氏族社会，萨满都是女性。到父系氏族社会以后，才有男萨满，但女萨满仍多于男萨满。女萨满出嫁到别的氏族，娘家氏族也不能出现新萨满。到她死后，娘家才能出新萨满。人们认为氏族萨满是“恩都利”萨满，是万能萨满，神通广大，能医治各种疾病，能上天堂，也能入地狱，能驱走死人的灵魂，还能祈祷狩猎丰收。另一种是“德勒库尔”萨满，也叫“多尼”萨满，一个氏族可以有几个，是流浪萨满，死后不一定回原氏族附体。

新中国成立前，新生村就没有了萨满，鄂伦春族群众有需要就到呼玛县的宽河等地请萨满。

巫术 萨满供奉的神很多，“斯文”是萨满神的总称，是萨满的助手，只有通过它的帮助，萨满才能具有非凡的神通。因此，谁领的神灵多，谁的法力和神通就越大。同一“斯文”，既可以为自己的萨满行善，也可以对其他萨满作恶。

鄂伦春族的萨满有三大“斯文”，即“恩敦达来”“毛拉升达来”“阿格的达来”。除这三大“斯文”外，由于萨满的本领大小不同，请神多寡不一。萨满从仪式开始到结束，请来的神可达几十种。为记清请神的多少，每个萨满都有自己的“档士”，是专门登记神灵的法器。法器是四楞木棒，长 47 厘米，每边宽 2.6 厘米，上粗下细。粗头上有 2 ~ 3 条飘带。每请下一位神，在楞角上刻一个豁口。萨满施行的巫术主要是跳神，在三种情况下才能跳神：一是为了治病，二是教新萨满，三是举行祭神仪式。

◉ 占卜

鄂伦春族用占卜来预测凶吉祸福和生产、生活的问题，方法原始、简单。鄂伦春族称占卜高明的人为“阿嘎钦”，一般是老年人。鄂伦春族原来的占卜习俗，如今已不复存在。

骨卜 用火烧狍子的“哈拉巴”（肩胛骨），从骨上的裂纹来预测凶吉。在问卜时，边烧骨边祈祷。如卜问外出者何时回来时，见骨烧纹短，则预兆快回来了。如骨纹长，预兆暂时还回不来。若长纹中有横断，则认为外出者在途中可能出现了意外。

树枝卜 选一“人”字形木杈，在“人”字木杈上绑一横木，变成“大”字形，再用柳条编一圆片绑在“大”字头上。然后把小孩衣服穿在“大”字木架上。因为它的头像笊篱，故又叫“笊篱姑姑”，或“笊篱卜”。占卜时，两个人每人手里各拿一个“笊篱姑姑”。如卜问孩子病情，嘴里念叨有关神名，求神保佑早日痊愈。两人手持“笊篱姑姑”前后走动，如“笊篱姑姑”的身体前倾，则病会很快痊愈；若往后仰，则病不会马上痊愈。

枪卜 在出猎中患病，一时请不到萨满，也用枪卜。卜者盘腿而坐，右手持枪柄末端，枪筒前端绑挂一把小斧子，并把小斧子置于枕头上。卜者探问病人触犯了哪位神灵，逐个念着众神的名字。问一位神，试举一下。问不对，枪不能举起。当问对时，枪就轻轻地被举起来。然后祷告：“某某神啊，请你不要生气，可怜这个人吧，让他快些好起来，如果打到野兽，一定给你上供。”

白雪皑皑的森林

民族习俗

在长期的狩猎生活中，新生村的鄂伦春族形成了独特的民族习俗。饮食以野生飞禽走兽肉为主，服饰的特点体现在狍皮文化上，传统的交通工具是驯鹿、马匹和桦皮船。在婚嫁、丧葬、礼仪、节庆等方面，鄂伦春族都有着很多传统仪式。生活中的诸多禁忌在新中国成立后已逐渐破除。

饮食

新中国成立前，鄂伦春族以野生的飞禽走兽肉为主食，以鱼和野菜、野果为辅助食品。兽肉中又以狍肉、野猪肉为最多。

肉类 “乌罗仁”（手扒肉），即煮肉。一般是肉、骨头一起煮，熟后便可以吃。碗内放点盐、山葱末，再倒点肉汤作盐水。吃时先用猎刀将肉切成块，后蘸着盐水，别有风味。这种吃法最常见，算是家常便饭。早期没有锅时，煮肉有两种古老方法：一是“刳木贮水，灼小石淬水中数十次，瀹而食之”。另一种是把野兽的胃洗净，装上肉和水，吊在火上烤。胃烤焦了，水达到沸点，肉也就有七八分熟了。

“达格仁”，即烧肉。是出猎在外的一种吃法：肉在火堆上烧，又香又脆，且不腻人。

“库拉兰”，即烤肉。找一长木棍，将两头削尖，一头插肉，一头插到篝火旁的地上，烤得外焦黄、里还有红心即可吃。方法简单、方便，适合出猎在野外食用。

“库呼伦”，即晒熟肉干。把狍、犴、鹿肉切成小块，加食盐和花椒藤用水煮，后晾在蒿帘上，干后贮存，一年四季均可食用。这种肉干，可以平时嚼吃，也可以做面汤用或熬汤吃。

晾肉干

“西鲁哈”（有的叫“乌力特”），即晒生肉干。将狍、鹿、犴腿肉和里脊肉切成细条，撒盐腌制后晒干，放在木架上，再用烟火熏烤，烤成半熟后贮备。此种肉干又香又脆，多生吃，是接待宾客的好食品。

鄂伦春特色美食之一——肉干

“乌满”，即骨髓油。将动物腿骨煮熟，再将骨头砸开吸食骨髓，有强身健体之效。

“波油色”，即灌血肠。将狍或犴腹剖

开后，取出内脏，全身血渐流入凹处。后自然分为三层：上层叫“兰班布佣术”，乳白色；中间层叫“军真布佣术”，粉色；底层叫“鲜射”，深红色。将三层血分别灌入肠内，分别煮熟，后用盐、山葱末加肉汤制成，用盐水蘸着吃。

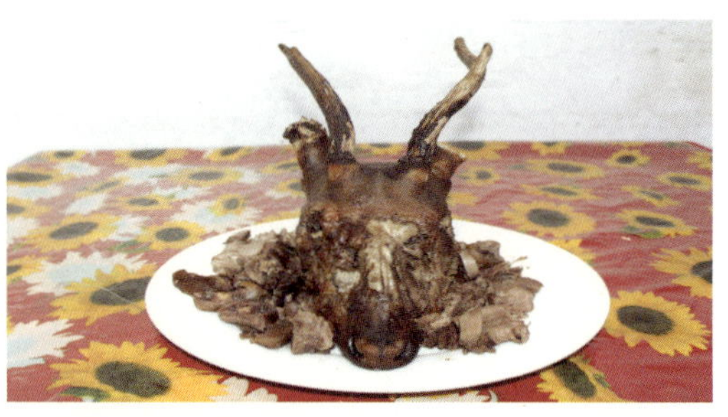

鄂伦春特色美食之二——狍头

“阿素”，即杂花菜。将狍肺、狍里脊、狍头肉煮熟切丝，再将狍头砸开取脑浆拌三丝，再加上野葱、食盐，味道鲜美，是招待贵客的佳肴。

鄂伦春特色美食之三——野猪肉风干肠

灌香肠。将狍、犴肉与山葱或老山芹一起切碎，放入盐，拌匀灌入肠内。煮熟后切片吃，是待客的佳肴。

吃犴鼻子。将犴鼻子割下来洗净，放在炭火上烧烤。后用猎刀刮掉焦毛，再用水洗净，放到吊锅用清水煮烂，蘸盐水吃，味道奇特，是待客佳肴。

吃狍头。将洗净的狍头放入吊锅，不加任何佐料清煮，待熟后蘸有佐料的盐水吃。

犴口条（犴舌头）。将犴口条煮熟后，切片蘸盐水吃。但为了增加口条的美味，一般同犴头一起煮。

吃犴（鹿）心。将犴心或鹿心煮熟，切片蘸盐水吃，清淡可口。

飞禽　炖鸭子。将野鸭子去皮和内脏，洗净后切小块放在锅中，同老山芹、野山葱一起炖，香味醇厚。

炖树鸡（或乌鸡）。将树鸡或乌鸡的毛和内脏去掉洗净，然后用动物油翻炒，加入盐、老山芹，同水一起炖，是鄂伦春人常吃的菜。

鱼　烤鱼。把鱼叉在木棍上用火烘烤，熟后去鳞和内脏，然后蘸盐水吃（有的先撒上盐后烘烤），其味鲜美，是孩子们爱吃的食品。

手扒鱼。把较大的鱼去鳞和内脏，煮熟后蘸盐水、山葱末吃。

炖鱼。把鲜鱼或鱼干放在锅里，入盐、佐料炖（有的还加进少量野菜）。

吃生鱼。把鱼去鳞和内脏，洗净后用刀把肉片下来切丝，放盐、醋拌着吃。

晒鱼干。把鱼去鳞和内脏，切成小块，煮熟晒干，贮备待用。

晒鱼坯子。把鱼去鳞和内脏，从脊背上劈成两半撒上盐，然后挂在木架上用火熏干，食用时再发开。可贮存备用。

野菜、野果 新中国成立前，鄂伦春人每年大量采集野菜、野果，有 30 ~ 40 种，以“昆毕”“罗参努阿”最多。除随吃随采外，还可以晾干贮备。

“昆毕”，即柳蒿菜。多用狍肉炖，还可晒干贮备。

“罗参努阿”，即老山芹。可炖、熬汤，包饺子，炒肉，也可在做面片、面汤、肉粥时放些老山芹，其味独特。新中国成立前，在打不到野兽时以它充饥。

野山葱。主要是做佐料调味。

“英额格特”，即臭李子。是鄂伦春人采集最多的一种野果子，可以充饥。把鲜臭李子用开水烫一下，捞出晒干，冬季可熬粥。

“莫力格特”，即山丁子。熟透变红，甜度增加。将其捣碎，烙饼时可做馅。

“喜喜格特”，即榛子。炒熟吃，其味极香，也可当粮食用。多晒干贮备。

“库力格特”，即松子。炒熟吃。其味香甜，多晒干贮备。

粮食 清朝中叶，鄂伦春人同周边民族接触增多，开始用肉、兽皮交换粮食。开始粮食少，只能吃完肉后再喝点“苏木顺”（米粥），后来粮食渐多，其做法也渐渐地多起来。

“西露哈苏木顺”，即肉粥。将小米与兽肉丁放在一起熬，是鄂伦春族人常用的吃法。

“依鄂特苏木顺”，即臭李子粥。先将米洗净，待米煮至七八分熟时，将臭李子下到锅里。臭李子爆开，粥呈粉红色，色泽鲜艳，酸甜可口。

“干盼拉仁”，即干饭。以糜子米干饭为多。有两种吃法：一种是把米饭焖好后放在碗里，拌上犴油趁热吃，叫“笼贴”。另一种是不用犴油，同另做的肉汤或鱼汤一起吃。

“挪达替”，即面片。用水和面，擀薄后揪成小片下到锅里。锅里先放适量的肉片或鱼片、老山芹，煮熟后再拌点犴油吃。

“图胡列”，即油面片。用水、油混合后和面，擀薄后，再撕成小片下锅煮，拌犴油、盐、野山葱吃，是待客的上等饭食。

“阿热”，即油炒面。用野兽油同面放在锅炒至焦黄色，凉后用开水冲食，是出猎常带的食品。

“布都”，即面汤。锅里放些肉片或肉干，再放些老山芹、野山葱末，将面粉和水搓成的面疙瘩放到锅里煮熟。

“卡拉斯”，即烧饼。用手把和好的面压成扁圆饼或做成圆圈形，埋在热灰里烧至焦黄可食。适合野外狩猎食用。

“西捞乌”，即烤饼。一种做法是用手将和好的面压成扁圆形，用小木棍插入饼中间，放到篝火旁烤。另一种做法叫“考沙麻乌文”，是放在吊锅中烙制，均适合出猎食用。

“谢努乌文”，即饺子。鄂伦春人包的饺子大，一个人只吃一个就够了。包完后放在热灰里烧。新中国成立后，在汉族人的影响下，过年时也吃水饺、蒸饺。

饮料 鄂伦春族多喝生水，夏天喜喝泉水、河水，冬天饮用雪水、冰水。随着人们认识能力的提高，也开始喝饮料。

小黄芪叶茶。山区黄芪多，又是医药补品，人们在秋季将其采回，泡茶饮用。商品交换发展后，也有人用黄芪同交换来的砖茶一起饮用。

刺玫果（也叫野玫瑰）。大、小兴安岭的山上、草地均有，其花、叶晒干后可泡茶。气味芳香，有提神、健脑、去腻的作用。秋季还可以当食物，其果肉香甜，常食可健康长寿，被鄂伦春人称为“神果”。

桦树汁。春、夏、秋季，桦树水分丰富，从树干上切个小口，其汁自流，喝之解渴，色乳白，味甘甜，老幼皆喜饮用。

五味子汤。五味子属中药，其果红色。用开水冲泡，又甜又酸，不仅能解渴，而且有提神醒脑和治疗神经衰弱的作用。

◉ 服饰

狍皮服饰 由于受兴安岭自然环境的影响、狩猎经济条件的制约和生活习俗的限制，鄂伦春族服饰的特点主要表现在狍皮文化上：头戴狍头皮帽，身穿狍皮衣裤，脚穿狍腿皮靴等。这种穿着反映了鄂伦春族狩猎经济的特点。

鄂伦春族男人的皮裤是用狍皮制作的，裤长到膝盖，然后套皮套裤。套裤上下有皮绳，上系腰带上，下系靴靿上。冬天皮裤带毛，夏天的皮裤将毛刮掉；妇女的皮裤腰上有兜肚，上系挂在脖子上，下系（兜肚底有两个带子）在肚子前面。到民国年间，

传统鄂伦春族女子服饰

鄂伦春族男子服饰

鄂伦春族同外界接触多了，男、女的裤子都发生了变化：男人裤腿变长，直达脚面；妇女的裤子去掉了兜肚。

历史上，鄂伦春族衣服也是狍皮制作的。冬天用皮厚毛长的狍皮，夏天用皮薄毛短的“红杠子”。男人的狍皮袍分两种：一是长袍，接近脚面，是在出猎途中穿的；二是短皮袄，只到膝盖，是为了狩猎方便。不管是长、短皮袍，都带大襟，除左右开衩外，前后也开衩，为方便骑马。青年人穿的长袍一般还染上黄颜色，染料是用腐朽的柞木熬水抹在皮板上。夏天穿用“红杠子”做的短皮袄，也有用皮板做的，但前后襟短，无开衩。女皮袍都是长袍，且长，后襟不开衩，袖口、脖领和左右两侧开衩处均绣有花纹。纽扣由犴骨制成，中间有口，钉在袍子上。制作精美的皮袍子都出自姑娘或年轻媳妇之手。老妇和幼女的长袍，只镶边不绣花，也不着颜色（年轻妇女长袍多染黄色）。不论男、女，穿长袍必须扎腰带，早期是鹿皮或犴皮制作，后期多用布做。

鄂伦春族夏季服饰

旧时床上用品有三种。第一种是皮褥子，约用 130 条狍腿皮缝成，对出的花纹古朴美观。第二种是狍皮被，双人被用狍皮 8 张，单人被用狍皮 6 张。皮被要用染了黑色的狍皮镶边，被头上还绣有云纹。第三种是睡袋，要用 6 张狍皮制作，专在猎场用，非常暖和。

鄂伦春族古老的帽子是用一张完整的狍头皮制作的，很有民族特色。把狍头皮原样剥下来，鞣软后将两眼圈用黑皮子或其他似眼球的东西镶好，保留耳朵、犄角。在头皮下再镶一圈皮子做的帽耳，卷在上边为帽檐，冷时放下来护耳。早期，男、女都用这种帽子。近代，妇女仿毡帽做成“阿文”，有四耳，两个大的在左右，两个小的在前后，均镶猞猁皮或狐狸皮，有的在顶端钉有穗缨，很美观。

传统的狍皮手套有三种。第一种是手心开口的古老手闷子，开口处便于伸出手指射击，是把一块长方形狍皮一头剪成圆形，并抽成褶。在抽褶的一边镶一条皮子，把已做好的拇指缝在这条皮子上。第二种和第一种一样，只不过手心没有开口。第三种是五指手套，拿东西方便。不管是哪一种手套，在手背上都绣有花纹图案，极美观。

在狩猎历史上，鄂伦春族穿的靴子是用 16 张狍腿皮做成两个靴勒，用狍脖子皮或犴皮做底。男、女都穿，轻便、保暖、声音小。冬天还要穿一双狍皮做的袜子；夏天穿去毛的矮勒靴子。近代，人们喜欢穿多层布纳的靴帮，用野猪皮、熊皮做底的靴子。

旧时，萨满跳神的衣服是用夏天雄性狍皮做的（有的用鹿皮或小犴皮），上面绣有各种花纹图案，十分美观。

鄂伦春族服饰

布匹、绸缎服饰 随着商品交换的产生和发展，布匹、绸缎进入鄂伦春族地区，而且有贫富之分。一些有钱的人家，特别是佐领和在清廷当官的鄂伦春人，穿戴很讲究。

“汗达哈”，布小褂。有买的，也有自己做的。夏天当单衣，冬天当衬衣。

“巴呼阿勒开依”，布裤子，一般是夏天穿。

“查姆卡”，布单长袍，男、女均穿。

“希古依安”，长夹袍，一般用绸缎制作。因衣料昂贵，只有富贵人家才穿得起。其式样和皮长袍差不多。男人一般穿黑色或蓝色，妇女穿红色或绿色，但妇女的长袍在领口、袖口和开衩处都绣花。长袍外头还穿“乌勒布”（马褂）或“得贺里”（坎肩）。平时穿布衣，节日、氏族大会穿绸缎衣服，出外打猎、采集穿皮衣。从有布衣后，鄂伦春族改变了祖祖辈辈只穿兽衣的单一服装结构，而且也开始穿上衬衣，甚至出猎时还用布做个小蚊帐。鄂伦春人至今过年过节仍然习惯穿用这种绸缎衣服。

自布匹、绸缎传入鄂伦春族地区后，受其影响，不论皮衣还是布衣，人们都喜欢绣上多彩多姿的花纹。特别是女青年的衣服，花样不断翻新。

◉ 交通工具

驯鹿、马匹 氏族社会初期，鄂伦春人没有任何交通工具，狩猎、挖野菜和迁徙都是步行人扛。自开始饲养狗以后，才用狗牵引爬犁，方便生活。从养鹿开始，鄂伦春“役之（驯鹿）如牛马”[①]。驯鹿步履平稳，善于穿越森林和沼泽地，可以乘其到较远的地方狩猎。17世纪中叶后，鄂伦春人大批饲养马匹，并成为主要的交通工具。马匹跑得

抱着孩子骑马的鄂伦春族妇女

① 引自《朔方备乘》卷二十九。

桦皮船

快，负载力大，可以在短时间内完成迁徙，也可以把猎获的野兽及时驮运回来。清末民国初，有部分鄂伦春族人开始从事农业，也有用马套犁和拉大轮车运送东西的。

桦皮船 鄂伦春族世居山林，经常涉越河水。氏族社会早期，砍木横跨两岩便是松木桥，过小溪置石块便是石桥。后来人们发明桦皮船。“扎哈，小舟也。以皮革或桦皮为之”，较“威呼”（一种用木板制作的小船）轻捷，可载两三人，陆行载于马上，遇水用之以渡。鄂伦春人用它捕鱼、过河狩猎、驮载摆渡。鄂伦春族水上交通工具——“木沬沁”（桦皮船），不仅可以用其打猎捕鱼，而且还可用其载人。其特点：灵巧实用，携带方便。桦皮船不论制作技术，还是造型艺术在国内外都享有很高的声誉，堪称一绝。

新中国成立以后，鄂伦春族居民的原始交通工具多已被淘汰，使用交通工具与其他民族无异。

◉ 用具

新中国成立前，鄂伦春族人在生产、生活中的用具多数是桦皮制作的。其特点：轻巧耐用，美观大方，携带方便，防潮防烂，材料来源丰富，制作简单。桦皮用具是鄂伦春族民族文化一大特色，也是特定自然环境的产物。

餐饮用具 “木灵刻依”，即桦皮水桶。圆筒，桶口镶有薄木边，并有一横棍，便于手提。

“阿汗”，即桦皮盒。用其盛饭、盛菜，也用其和面、洗菜、洗肉。

“阿参”，即桦皮碗。大人、孩子均用其盛饭、菜，方便、耐用，不易破碎。

生活用具 “空改”，即带盖的桦皮桶。制作精细，盖子和帮上均刻有花纹。大的可盛肉干、粮食，小的可装食盐。特点是容量大，防潮湿。

“昆该依”，即篓子。底大口小，有盖。可盛肉干、野果、野菜和粮食。妇女上山采集系在腰上，极为方便。

“奥纱”，即针线盒。形状多种，有圆形、方形、椭圆形等，盒盖和帮上有花纹，是妇女做针线活必需的用具。

“玛达拉”，即烟盒。底、盖均为木制，有花纹，四周为桦皮，采用嵌合的方法制作而成。

“古约文”，即拾果用具。一般用其拾地上的野果，如“都柿”“牙格达”等。

“玛塔”，即箱子。有长方形，也有椭圆形，箱盖和箱帮均有图案。它是桦皮制品中制作得最精细的一种，用来装衣服，便于存放、携带。

“铁克沙”，即“斜仁柱”的覆盖物。多夏天用，先将桦皮刮去凸凹部分，然后用开水煮或浸水泡 3 天。经过处理变柔软，呈半透明状，用其覆盖，使“斜仁柱”的光线明亮。

“玛踏”，即神盒。专门用来盛放神偶、神像之用。

制作桦皮制品，凡缝合处均用马鬃线，结实、不易腐烂。除桦皮船外，桦皮制品均由妇女制作。

进入 21 世纪，鄂伦春族传统用具多为家中的装饰品或纪念品，更多是作为旅游纪念品出售。新生村有小作坊，进行小批量的生产。

婚嫁

鄂伦春族人的婚姻为一夫一妻制，定居前，因妇女不生育或生育女孩多也有多妻者。婚姻缔结有求婚、认亲、过彩礼和结婚几个阶段。

求婚 新中国成立前，男孩 15 ～ 16 岁，女孩 14 ～ 15 岁，父母就要为子女筹办婚事，多由父母包办。男方选择女方条件：忠厚老实，勤劳智慧。女方选择男方条件：善良勇敢，狩猎技术高。

求婚是由男方家提出，由媒人带酒到女方家说明来意。女方家一般不轻易答应婚事，说些姑娘“小”“笨”之类的话。此时媒人要夸奖姑娘。这样反复 2 ~ 3 次后，如女方家同意了，就答应下来。若第三次不答应，就是不同意了。有的第一次谈话连酒也不让喝，那就是不同意。有的第一次谈话，女方家就同意了亲事，在话语中流露出来，媒人迅速向女方父母磕头，求婚就算成功。

认亲 求婚成功后，媒人、男方母亲和男青年本人前往女方家。一般带酒和一头野猪宴请女方家的亲友。男青年要向女方家长辈磕头，但不给岳父母磕头。

过彩礼 这是婚姻过程中一个非常重要的环节。一般由媒人、男方父母和男青年本人带着酒、野猪肉等到女方家商量过彩礼的日期和彩礼数量。一般女方家要彩礼 2 ~ 10 匹马、2 头野猪和 2 桶酒（每桶 20 千克）。送彩礼时要请女方父母先过目，主要是马匹，满意收下，不满意要更换。这天，男青年要向岳父母磕头。女方家要请全“乌力楞”的人吃喜酒，用男方送的肉、酒款待客人。

婚礼 过彩礼后，男方家长请“乌力楞”中德高望重的老人给选择结婚的吉日。吉日那天，男、女双方的亲友，同赴男方家祝贺。

结婚这一天，新郎和新娘要穿精心制作的狍皮衣服。新郎皮袍要染成淡黄色，大襟、袖子镶有薄皮边，开衩处绣有花纹。新娘的皮袍除染淡黄色和镶边外，还用彩色线在衣领、胸前和开衩处绣上鲜艳花纹。新郎头戴富有民族特色的狍头皮帽，帽顶悬挂貂尾和 4 条彩带。新娘的发辫要卷至头顶，象征已婚。作新房的“斜仁柱”布置一新：用上百条狍腿皮对出美丽花纹的褥子铺床，狍皮被上绣着云纹，带有颜色和花纹的桦皮制作的箱子、针线盒等摆在显眼处，这是岳母为女婿制作的，祝愿女婿不再孤单。

送新娘的队伍快到男方“乌力楞”时，新郎率领本氏族的兄弟们出来迎接。这时双方“库达”（亲家）和“库达呼”（亲家母）开始对唱。之后，两队人簇拥新郎、新娘奔向男方的“乌力楞”。当主人把所有的宾客让到篝火旁落座后，结婚仪式开始，两位新人先面朝南方磕头。然后由新娘拜公婆和男方长辈亲友，后新娘被送进“斜仁柱”。

接着酒宴开始，男方家点燃堆积好的干柴，来宾围火而坐，大家吃着手扒肉，喝着大碗酒。席间，新娘要向所有长辈磕头、敬酒。受拜者一面向新人祝福，一面赠送礼品。

席间，歌声四起，舞蹈翩翩，直至深夜。

入夜，新郎、新娘要用一个桦皮碗、一双筷子吃“老考太”（黏米粥），吃兽肉要用一个盆、一把刀，象征永远亲密，白头到老。

婚嫁表演

最后，由婶娘或嫂嫂给铺床后离去。

第二天早晨，新人要给太阳磕头，祈求他们生活永远温暖如春。

新生村鄂伦春族人的传统婚嫁习俗，在新中国成立后逐渐消失。如今的婚嫁习俗，已经和汉族没有太大区别，只是在男女青年订婚、结婚前后，招待客人时沿用传统饮食，如油面片等。

丧葬

新中国成立前，鄂伦春族人认为，人死后灵魂继续生活在另一个世界。同时，也认为死者的灵魂能够作用于生者，由此产生了崇拜和畏惧心理。为表示对死者的敬意，形成了独特的丧葬仪式。

葬式 新中国成立前，鄂伦春族葬式有三种：风葬、土葬和火葬。

风葬是最古老的葬式。办法是找 4 棵成正角的树，借树杈搭成横木，铺上树枝，尸体置于上，再用桦皮遮盖。后改用柳条或木板为棺，棺盖起脊，置于搭成的横木上。待 1 ~ 2 年尸体腐烂掉在地上，再收骨骸送到氏族墓地土葬，即所谓“二次葬”。此种葬法多是猎人死在猎场上，无法及时将尸体运回时才使用。

土葬有两种：一种是做木棺埋于地下；另一种是在地上挖穴，再用木杆把穴底和四边镶好，再放尸体。

火葬，用于患病而亡的年轻人或孕妇。

17 世纪中叶，鄂伦春族从黑龙江左岸迁徙到黑龙江右岸，清政府设路编佐辖制，鄂伦春族的活动范围较过去缩小。到清末，清政府又对鄂伦春族实行“弃猎归农”政策，氏族墓地出现，土葬随着推广起来。

殉葬品 鄂伦春族人认为，人死后到阴间要生产、生活，因此，要把生前的生产、生活用具当作殉葬品，如衣物、饭碗、饭勺、铁锅等。死者若是男性，则另加一副弓箭、猎刀、马鞍子。马是鄂伦春族人的主要狩猎工具和交通工具，所以也有殉马的。如果家里马少，也不一定杀马，只把死者衣物、马具等放到马背上，让马在葬地跑几圈，以示殉马。如果死者是女性，则将针线盒、熟皮工具放进棺材里。

丧葬仪式 新中国成立前，鄂伦春族有一整套丧葬仪式。

人死后，家人为其穿好衣服，尸体头朝北、脚朝南放在居住的“斜仁柱”中，并用纸（先前用兽皮）盖上脸，认为这样死者的灵魂才能顺着纸很快到“阎木坎”（阎罗王）那里去。接着通知亲属，死者是妇女，要马上通知娘家。供品有酒、兽肉和“老考太”。上供时，晚辈要给死者磕头、痛哭。亲友到时，死者子孙要向客人磕头。吊丧者如是死者晚辈，也要磕头。

老人死了，子孙要戴孝。丈夫死了，妻子戴孝 3 年，孝期内不能改嫁。妻子死了，丈夫戴孝 3 个月，如无子女，只戴孝 1 周。

出殡前，要选好葬地，一般葬在山坡下有树有水的地方。出殡时，4 位（有的是 8 位）亲属或好友抬棺护送。葬后烧纸、上供、磕头。

在鄂伦春族丧葬仪式中，周年祭最为隆重。周年祭一般在冬天，仪式在天黑后举行。先在墓地前打扫出长 20 米、宽 6 米的空地，点上 3 堆篝火。墓前放供桌，来人按辈分次序分成男、女两行。主持人宣读礼单，念到谁，谁答“加”（是）。之后，喝酒吃肉。半夜、天亮再分别念 1 次。然后把葬在树上的棺材抬下来，家属、亲友齐下手拣尸骨，装进新制的棺材中，再行土葬。安葬后，将礼单烧掉。再喝一会儿酒，周年祭就结束了。这时，主人借宾客酒醉之机，将礼品悄悄地回赠给每位客人。

新中国成立后，由于生活条件得到极大的改善，新生村丧葬旧俗也基本消失。

◉ 礼仪

鄂伦春族古老的礼仪和礼节很多，新中国成立以后，也产生了一些新的礼节。

敬老的礼节 尊敬老人和长辈是鄂伦春族传统的美德。在家里和氏族内尊敬父母、家长和氏族长。在外尊敬长者，不管是否相识，都要行礼致敬。与分别三日的父母（或长辈、老年人）见面都要行请安礼，即双腿下屈，口称“阿亚”（平安），进行亲切问候。不论在什么场合，遇到老年人或长辈，年轻人都要站立迎接，口称“特可靠合勒”（请坐），并马上让座。在猎场或狩猎途中，遇上长辈或长者，要立即下马站在路旁，口称“阿巴嘎拉”（您好）。等其走过，方可上马。平时，在老年人或长辈面前，年轻人都要恭恭敬敬，说话和气，不能指手画脚。不论在任何场合都要长幼有序。如落座先让长者，喝酒先让长者举杯，吃肉先让长者动刀，同行先让长者走在前面等。

欢迎、告别礼节 鄂伦春族待客非常热情，不论是本氏族人还是外氏族客人来到“斜仁柱”前，男主人都要热情欢迎，并屈膝请安。妇女用右手贴在前额上深深鞠躬，然后将客人让进“斜仁柱”。如是年长的男客人，让到“玛路”席上；如是女客人，让到年长妇女就座的“奥路”上。接着就要敬烟：客人是年长的男客人，主人要接过客人的烟袋，装烟、点燃，再递给客人。然后，客人向主人要来烟袋，装烟、点燃后递给主人。如是客人比主人年轻，客人要先向主人敬烟。

鄂伦春族迎宾仪式

迎宾酒

告别礼节是客人用自己的烟袋请每个在场的人抽烟。当他起身时，主人必须对他说："特格合勒（坐吧）。"客人回答："我已经坐好了！"主人要说："阿亚坎吉比考路（留下吧，祝你好）！"

询问礼节 客人到某人的"斜仁柱"内后，还有一套询问礼节。询问有一定顺序，不能乱来。首先要问狩猎运气，如"山神（白那恰）赐予您什么？"即打到什么野兽了。这种问候已成为见面的日常话题。之后才能问来者（不认识）是哪个氏族的。如果这个人比询问者年幼，可问其名。若年长，那绝不能问他的名字。在家里，子女更不能直呼长辈的名字。当弄清相互间的关系后，年幼人可用称呼长辈的尊称来称呼对方。

款待客人饮食的礼节 鄂伦春族招待客人的第一道饮食是砖茶加马奶的奶茶。如果家里有现成的兽肉，也要同时端上来。若没有，妇女马上去做。鄂伦春族给客人准备的食物非常丰盛，只要家里有的都要拿出来，并首先向客人敬酒。如果客人是多位，主人先敬长辈男客人，再敬晚辈男客人，然后敬长辈女客人，最后敬晚辈女客人。晚辈不饮酒，要转给长者。客人要离开时，主人还要给客人赠送礼物，客人不能拒绝。这时，客人也要送回礼。

互访礼节 在集会期间，当几个"斜仁柱"的人不分氏族居住在一个营地时，互相间要进行一次短暂的拜访。在拜访中，主人也要像接待客人一样询问和回答一些问题。拜访有秩序，一般先是青年男女间的互访，然后是青年拜访长者，之后长者才能回访晚辈。

迎接来宾要敬"下马酒"。这种礼节是 21 世纪初，在鄂伦春族的一些重要节日中，

为来宾敬“下马酒”

为迎接重要客人而兴起的，之后形成常态。敬酒人是穿着鄂伦春族服装的男、女青年代表，代表新生村全体鄂伦春族人和其他各族人民向来宾敬酒。

节庆

春节 新中国成立前，鄂伦春族的节庆日不多，主要有氏族集会、萨满在春季的祭神仪式和一年一度的春节。

鄂伦春族人认为，春节是送走旧的一年，迎接新的一年，预祝人畜两旺、万事顺利的岁时节日。他们认为一年之首是农历正月初一，并把一年分为 4 个狩猎期。春节过后至三月是鹿胎期，四月至六月是鹿茸期，七月至落雪前为鹿尾期，初雪到次年二月是打皮子期。春节是打皮子期就要结束，鹿胎期尚未开始的空闲期。此时祝贺一年人畜兴旺、狩猎丰收是最适宜的。

除夕前，出猎的人们都要赶回家。每家都准备大量的兽肉，并用兽皮换回大量烧酒、面粉、衣料及喜庆的物品。在春节临近时，还要清扫“斜仁柱”，男女老少换上节日盛装。

除夕晚上，在“斜仁柱”南面 20 米的地方燃起两堆篝火。在“斜仁柱”内“玛路”席及两侧放十几个盛有小米的桦皮碗，给神烧香。一般是 3 炷，也有的是 7 炷。“斜仁柱”中央的柴火也要烧得格外旺。

午夜，全家人要敬火神，先到“斜仁柱”外东侧篝火磕头，然后是西侧。磕头时，还要向篝火中扔肉、洒酒。然后回到“斜仁柱”，全家人先向正中的“阿娇儒博如坎”（祖先神）磕头，后向右侧神磕头，再向左侧的神磕头。每次磕头，都端着酒碗，用手蘸酒在空中弹一弹。最后，向“斜仁柱”中央火堆的火神磕头，照例扔兽肉、洒烧酒。

在“斜仁柱”内烧完香后，男性家长带一个儿子到“斜仁柱”外面挂神像的树前，由儿子堆一堆雪，把点燃的香插到雪堆上。此时，家长向神祈祷，希望神能保佑全家人畜平安、兴旺。最后，在马厩里生起烟火，并绕马厩走几圈，发出马的鸣叫声，求神灵保佑马匹健壮。

最后，全家人集中在“斜仁柱”中，儿子先向母亲磕头、敬酒，后儿孙们向母亲磕头、敬酒。母亲接过酒后，用手指蘸酒向空中弹一弹，并对儿子、儿媳说些好好过日子、多打野兽、教育好孩子等话。之后，再向父亲磕头、敬酒，父亲敬神后向儿孙们说些吉利话。磕头完毕，便在“斜仁柱”门口（或几家一起）唱歌跳舞，玩个痛快。

初一晨起，老人洗过脸后给神烧香，然后到外面篝火前察看：灰烬上如有往南走的脚印，预兆今年家里将有老人去世；如有往北走的小脚印，是要添人进口；如有往北走的马蹄踪迹，是马匹要得到繁殖。看完踪迹后，让年轻人再把篝火点起来，并一直燃烧到初五。

初一、初二是“乌力楞”中人们相互拜年的时间：每到一家，先给“斜仁柱”外面的两堆篝火磕头，进入“斜仁柱”后还要向火塘磕头，最后才向老人和长辈磕头。初三是亲戚家拜年，首先去舅舅家拜年。外甥给舅舅磕头，舅舅要给外甥一匹马，待春天马下驹后，还拉走一匹小马驹。

从初一到初五，还交错进行各种文体活动：唱歌、跳舞、摔跤、射箭和赛马。仪式性舞蹈“依和纳仁”舞，男、女都可以参加，是歌舞相结合的娱乐形式，可通宵达旦地跳。这也是男、女青年交流感情的好时机。摔跤、射箭、赛马，多是男人参加。

正月十五日，人们备有丰盛的酒宴，尽情畅饮、歌舞。十六日更为热闹，鄂伦春族有互抹黑脸的习俗。除儿子、儿媳不能给父亲、大伯、弟媳抹外，其余都可以抹。给老人抹前要先磕头。

其他节日 新中国成立后，新生村除了鄂伦春族的传统节日区别于其他民族外，其他节日也逐渐和汉族人的节庆习俗相同。这是因为和其他民族结合在一起的家庭即“团结户”越来越多，特别是和汉族结合的家庭，每年过汉族的传统节庆日比较多。

禁忌

新中国成立前，鄂伦春族禁忌很多，都和迷信有关，均指禁止触“神圣”的东西或与“不洁”的人、事物接触，否则会招致自然力量的惩罚。新中国成立后，随着人们认识的更新，破除迷信，禁忌越来越少。

狩猎禁忌 出猎前，不准说能打多少野兽或可能打着什么野兽，否则会什么也打不到；在猎取貂和黄鼠狼时，不准烧长木头，认为烧长木头野兽会跑远；在对犴、鹿和野猪等大兽开膛时，动物的舌头、食道和心脏要连在一起，不准割断，否则猎不到野兽；出猎打到第一只野兽时，要祭祀“白那恰”（山神），否则也会打不到野兽；在出猎中禁忌向篝火洒水，否则会触犯火神而打不到野兽；出猎不能吵架、打闹，否则狩猎会不顺利；打猎中不准打正在交配中的野兽，否则就打不到其他野兽；男人不准进产房，否则会打不到野兽。另外，不能直呼动物的名字：要称雄熊为“阿玛罕”（大爷）或“雅亚”（祖父），称雌熊为“恩民河”（大娘）或“太帖”（祖母），称虎为“木奴木义热格其”（长尾巴），称貂为“给列”（镜子），称狼为“额古德阿木嘎其”（大嘴）。

取暖

妇女禁忌 鄂伦春族认为妇女月经是不洁的，因此，禁忌也非常多。不准妇女坐在“玛路”上，也不准到“斜仁柱”后边（有神盒挂在树上）去，否则会冲犯神灵；妇女在月经期不准吃狍、鹿、犴的内脏和头肉，否则子弹会穿不透野兽；孕妇不准去办丧事的人家，否则生下孩子会死；产妇不能在“斜仁柱”生产，要另搭盖产房，否则会冲犯神灵；产妇在产房居住期间不能吃新鲜兽肉，否则会打不到野兽；妇女不能跨越男人的衣、帽，否则男人要倒霉；妇女不能用男人的马鞍子，更不能骑专驮神像的神马，也不能摸动萨满的神衣，否则会触怒神灵；妇女不能吃熊的前半身肉，否则会被熊抓住；妇女参加氏族大会不能吃供神的供品，否则会触犯神灵；姑娘出嫁，娘家不能陪送剪子、镜子、茶壶之类的东西，否则会死娘家兄弟；妇女不准铺熊皮褥子，否则会流产；孕妇禁止接近獐子、獐肉、獐皮，否则会流产等。

生活禁忌 晚辈不准直呼长辈的名字，也不许把长辈的名字告诉给别人，否则生孩子不长骨头节；父母去世，兄弟几人不能全戴孝，只能有 1 人戴孝，认为戴孝人运气不好；戴孝期间，不准剪头，不准参加娱乐活动，不许与别人吵架，过年节不准给别人磕头和接受别人磕头，否则是对死者的不敬；病人在患病期间不准洗手洗脸，否则病情会加重，给神上供的只能是偶蹄动物。

对自然的禁忌 不准孩子用手指点彩虹，也不准触动雷击木等，否则会触犯神灵。

村落文化

新生村的鄂伦春族先民经过长期狩猎形式的劳作形成一种独特的生产实践活动，创造了具有民族特色而又绚丽多彩的精神财富，从而形成了新生村独特的村落文化艺术。进入21世纪，市、区各级文化部门认真贯彻“保护为主、抢救第一、合理利用、传承发展”的方针，鼓励和支持当地非物质文化遗产项目代表性传承人开展收徒、传艺、交流、办培训班等传习活动，取得了显著成效。截至2017年7月，新生村有国家级非物质文化遗产传承人1人，省级非物质文化遗产传承人6人，市级非物质文化遗产传承人15人。

非物质文化遗产

狩猎技艺 1953 年 9 月以前，由于生活环境和历史原因，新生村鄂伦春族猎民始终过着随山而居、逐兽而迁的原始游猎生活。

鄂伦春族狩猎有一定的组织形式。大致分为以“乌力楞”(子孙)为单位的集体出猎、以“安额”为单位的狩猎小组和个体狩猎三种形式。“乌力楞”是同一父系的几代子孙，是以同一血缘关系的人组织起来的狩猎组织，在生产力十分低下，只能使用弓箭、扎枪等原始工具的时期里，人们要猎取猎物，尤其是猎取凶猛的动物时，只有靠集体的力量才有可能。

“安额”狩猎小组的产生。是随着狩猎工具的进步，如有了火枪等先进的狩猎工具，由三四人或五六人自愿组织起来的临时性生产组织，鄂伦春语叫“安额”。狩猎结束，小组解散，下次出猎再重新组合。这样的小组多半是由亲戚或志趣相投的朋友组成的，“红围”期(即好的狩猎季节)一到，由一人发起，邀请几个人一起出猎，就坐下来商量出猎的有关事项，并民主选举狩猎组长“塔坦达”(即燃一堆火的狩猎组长)，由他来指挥安排整个过程。

长期的游猎生活使鄂伦春人积累了丰富的经验，不仅每个猎人精骑善射，而且对各种野生动物的习性和活动规律也都了如指掌，掌握了一套独特的狩猎方法。一个成熟的猎手，见到野兽的踪迹后，就能看出此动物所走的方向、时间长短，甚至判断出公母来，准确地判断出动物在什么方位，根据山形、风向去寻找，十有八九能猎到。鄂伦春人的狩猎方法有很多种，对每种动物都有一套猎取方法。

跟踪追随法，鄂伦春语叫“乌加任”。循动物的踪迹寻找猎取的方法，每种动物无论冬夏总会留下踪迹，猎人见到踪迹后，选好山形，看好风向循迹慢慢寻找，就可能见到动物。如果猎马好，且猎区山势平坦，树林又不很密，可以骑马追打。过去秋、冬季猎野猪、捕捉公鹿用的就是这种方法。用这种方法也可以猎取虎、猞猁等猛兽。虎和猞猁虽跑得很快，但没有耐力，因而骑马追撵就可追上，见到虎就可以射击。猞猁如跑不动往往会上树躲避，猎人追到树下就可猎取。

猎犬围圈法，鄂伦春语叫“库日任”。当动物钻入密林，爬上陡峭山坡，或遇到虎、熊等猛兽难以接近，猎人往往采取猎犬围圈的方法来猎取。当发现动物的踪迹后，将猎

出猎

打猎

犬放出，猎犬会很快找到猎物并围圈狂咬狂叫，猎人可乘机接近猎取。用这种方法也可以很容易地找到被击伤而逃匿的动物。

堵截法，鄂伦春语叫“阿黑玛任”，是猎人在动物经常走动或在其必经之地堵截而猎取的方法。动物都有自己的活动规律，如有的动物经常去河边或水泡子边喝水或吃水草，晚去早归，并有一定的来往路线，猎人只要一早一晚在此“守株待兔”就可以了。还有些动物如果受惊，就会不顾一切地往高山或密林深处跑，如果判断准确就可以在动物必经的地方堵截而猎取。猎人必须要有长期积累经验的方法。

蹲碱场法，鄂伦春语叫“库底日”，是鄂伦春人在春、夏季打鹿茸的最好方法。碱场是天然形成的盐碱地，鹿喜食盐碱，在春、夏季的夜晚经常到此舔食盐碱。猎人根据这一规律来此碱场附近蹲伏，可猎到鹿。用同样的方法，也可猎到经常到水泡子吃水草和洗澡的鹿。

狩猎工具——猎刀

狩猎工具——马鞍和皮口袋

堵洞法或掏洞法，鄂伦春语叫“阿格顿玛任”，是鄂伦春人猎熊的一种方法。一到冬季，熊要进入洞穴避寒，直到第二年的春季才能出洞。棕熊体大，不会爬树，就蹲伏在洞穴内。黑熊会爬树，所以一般在树洞内蹲伏。根据这一规律，猎人要猎熊就要仔细寻找，如果找到蹲伏有熊的洞穴就想办法让熊钻出洞来，然后猎取之。用这种方法猎熊虽有一定的危险性，但只要掏洞的方法得当，猎熊的效果还是很好的。

诱叫法，猎人用模仿动物的叫声来引诱动物而猎取的方法。春季猎人用叫“皮查文”的狍哨诱叫狍子而猎取，秋季猎人用叫“乌力安”的鹿哨诱叫鹿而猎取。也可用此方法猎取其他一些兽类或鸟类。

遛河法，鄂伦春语叫“鹅由任”，是划着桦皮船或木筏顺水遛河的一种狩猎方法。在炎热的夏季，鹿喜欢到河边乘凉或喝水、吃水草。根据这一规律，猎人只要驾船或木筏慢慢顺流而下，就可能遇到鹿，并猎取之。

窖鹿法，或称窖趟子捉鹿法。猎人在鹿经常走动的地方，拦腰用两三米长的木杆筑起一道木栅栏来，短则几里，长则十几里，其间留出多处缺口。然后在缺口处挖出两三米深的土坑，并用树枝、树叶等物将坑口伪装起来。当鹿在此经过时，便会掉入坑内。过去鄂伦春人捉鹿后来饲养，就是用这种方法将鹿捕捉到的。这些鄂伦春族原始的狩猎生产，是鄂伦春民族生存的最基本保障。

新生村的吴福兴（参见本志“名人与名村·名人简介·吴福兴”）和吴楠是省级非物质文化遗产保护项目“鄂伦春族狩猎文化”传承人。

1978 年 8 月 17 日生于新生村的吴楠，十几岁就和老猎人上山打猎。小小年纪就练就一身狩猎本领。曾参加拍摄韩国 KBS 电视台的《远东生态大勘探》，中央电视台的《美丽中国》《我是中国的孩子》《传承（第二季）》，爱辉电视台的《年味爱辉》，还曾带着家乡猎马到哈尔滨市松花江边参加过“秘境鄂伦春”的活动。2016 年 10 月，吴楠被评为省级非物质文化遗产保护项目“鄂伦春族狩猎文化”传承人。

“斜仁柱”搭建技艺 鄂伦春族定居前和游猎时居住的建筑物，以及产妇临时产房和临时仓库，鄂伦春族人称之为“斜仁柱”，汉族称之为“撮罗子”。搭建的方法：先支起两根“阿杆”（主杆），然后将 6 根“托拉根”（带杈的木杆）搭在“阿杆”上，相互卡住，使整个架子牢固。然后，在架子顶端套上“乌鲁包藤”（柳条圈），在其周围再搭上 20 根“仙仁”（木杆），“斜仁柱”骨架似扣在地上的大“漏斗”。之后，再用剥下的“搭路”（桦皮）像瓦一样一块压一块地覆盖在“斜仁柱”的骨架上，再用绳索捆牢，顶端留一通烟孔。后来，因“搭路”易变形，人们将桦皮剥下后去掉凸凹部分，剩下薄片，再上锅蒸煮，使其成半透明状态。再将其缝制宽 1 米、长 3 米左右的覆盖物，鄂伦春人称为“铁克沙”。从“搭路”到“铁克沙”经过漫长的岁月，是妇女劳动的结晶。因“铁克沙”质地薄，怕冰雹，人们就逐渐用芦苇去皮，用马尾线扎捆成覆盖物。冬季为了保温，改用“额尔敦”（兽皮覆盖物）。一个“斜仁柱”需“额尔敦”两块大的，每块需 25 张狍皮；一块小的，需 10 张狍皮。“额尔敦”用鹿筋或犴筋缝制，周围用黑薄狍皮镶边，四角和周围有皮绳带固定在骨架上。

自有商品交换后，有钱人家也有用布制成布围子：宽 1 米、长 3 ～ 4 米，周围镶布边。这样的布围子，围在“斜仁柱”四周，节省了搭建时间。

“斜仁柱”的门，有水朝水，无水朝南。门框上夏季挂用柳条穿的门帘，冬季挂狍皮或鹿皮制的门帘。

“斜仁柱”内部结构：正面（对着门的位置）铺位叫“玛路”，左右两侧叫“奥路”。“玛路”和“奥路”的搭法：先在地上各摆上 3 根半木杆为铺位边沿（似炕沿），其内在地上再铺上木杆。木杆上再铺干草和兽皮褥子。

“斜仁柱”中央为火炉，用以做饭、取暖、保存火种。“玛路”正中高 1 米，略左的“斜仁柱”上悬挂 4 ～ 5 个小圆桦皮盒，里面装着“博如坎”（木制神偶）。在“玛路”右侧供奉着在狍皮上用马尾刺绣的“昭路博如坎”（马神）。在“玛路”里侧的桦皮箱里

“斜仁柱”

和皮口袋里装着老人、孩子的衣服等。“玛路”两侧是放枪、子弹、枪架的地方。“玛路”是老年男性和男客人坐的地方，妇女绝对不允许到这个席位上来。

入门右侧的“奥路”是年长夫妇的铺位，左侧“奥路”是年轻夫妇的铺位。在“奥路”里侧放着桦皮箱、皮口袋，分别装铺位主人的衣服、粮食、肉干。一进门右侧是放马具的地方，左侧是放食具的地方。在年轻夫妇住的一侧空中有横木杆，是吊摇篮用的。

一个“乌力楞”一般有 3 ~ 5 个“斜仁柱”，有时多达十几个，但不管多与少必须是“一”字排开，不允许有先有后。“斜仁柱”前有晒架，晾菜或肉干。“斜仁柱”后边小树上挂着桦皮盒，里边供奉着神偶。

“恩克那力新哈汉”，是为产妇特别制造的“斜仁柱”，即产房。这种“斜仁柱”较正常的小，用二十几根树干搭成，冬天在树干上遮挂上芦苇帘，帘上再盖一层草。夏天盖上桦树皮。一般盖在原“斜仁柱”的东南面，离自己家近些，离邻居家稍远些。里边设备简单，只有“奥路”和火盆。右侧是产妇的席位，如有婆婆来做伴就在左侧席位上休息。男人是不准进的，送饭也需用长木杆挑着送进“斜仁柱”内。这种简陋的产房，防寒能力极差，常有冻死婴儿的事情发生，产妇得病率也极高。

“奥伦”（高脚仓房），即临时仓库，是用来贮存暂时不用的衣服、肉干、粮食、野菜、果实的地方。搭盖“奥伦”，要在密林中选择自然生长的 4 棵对角长方形的树木，在高出地面 3 米左右处砍去树头。树桩上留有树杈，将两根直树干顺直搭在树杈

新生村村民在搭建“木刻楞”小屋

砖瓦房建筑

“奥伦”（高脚仓房）

上，然后将细杆排在树干上，用柳条固定。在底座边上的两翼处每隔 1 市尺（33.33 厘米）插 1 根桦树条，将其制作成半圆形，再将细树干搭在拱形架上，最后盖上桦皮，固定。一头用桦皮堵好，另一头为门。四角树桩根部要用铁皮包上，使老鼠、黄鼠狼等爬不上去。为了上“奥伦”方便，要做木梯子，用时立起来，不用时放倒在地上。

“斜仁柱”是鄂伦春族猎民游猎生活的产物。定居以后，新生村鄂伦春人大都住上了宽敞明亮的砖瓦房或土木结构的房屋，这种较为原始的活动性住房只有在秋、冬季外出狩猎时才偶尔搭建，用以栖身或暂避风寒。随着现代交通工具、野外宿营设备的不断更新和普及，大家进山和下山越来越方便，而年轻猎人们对鄂伦春族传统建筑技艺的兴趣越来越淡化。加之鄂伦春族健在的老人身体越来越差，人数不断递减，造成传统文化不断流失，已经成为无法回避的现实。在“斜仁柱”搭建技艺省级传承人莫彩强的传授下，新生村鄂伦春族年轻猎民孟宇和吴坚，掌握了“斜仁柱”搭建技艺。

链接：“斜仁柱”搭建技艺传承人莫彩强

莫彩强，1959 年出生于新生村，自幼随父亲上山打猎，熟悉刺尔滨河流域的地理环境，了解在本地区的各类野生动物的生活习性。熟练掌握鄂伦春族的传统语言、风俗习惯，在当地鄂伦春人中具有很高的威望。自 1982 年至今，他每年利用防火期、狩猎期带领年轻的鄂伦春族猎手上山狩猎，传授大家如何在深山老林中搭建鄂伦春族传统的“斜仁柱”，学习掌握在野外艰难环境中生存的方法。识别各种野生动物的脚印、生活规律，辨别方向。经他指点的猎人有 20 余人，均能达到在野外独自生存。莫彩强积极配合新生乡文化站开展的“非遗进校园、鄂乡展新颜”系列活动，向学校师生展示鄂伦春族“斜仁柱”搭建技艺。2009 年 6 月，莫彩强被授予黑龙江省非物质文化遗产保护项目“斜仁柱”搭建技艺传承人。

“斜仁柱”搭建技艺省级传承人莫彩强

兽皮制作技艺 由于寒冷的地理环境，鄂伦春族服饰多以兽皮为原料裁制而成。狍皮制作技艺是鄂伦春族在特定的自然地理条件下产生的独特的文化表现形式，鄂伦春的狍皮生活用品主要有被子、大衣、手套、帽子、套裤、靴子、荷包、挎包等。由于鄂伦春族没有本民族文字，兽皮制作技艺及制品就成了狩猎文化的传播载体，也是研究鄂伦春民族文化的重要依据。

制作过程。熟皮子，鄂伦春族妇女能熟狍、鹿、犴、猞猁、灰鼠等各种动物粗、细毛皮张。所用工具为“乌”（环形带刃、有木柄）、“贺得勒”（带锯齿的工具）和“毛贺得勒”（不带锯齿的弧形工具）3 种。

熟犴、鹿等大皮张方法。把皮子晾干后，用“乌”将皮张上的肉刮下来，然后将捣烂的犴肝或狍肝涂在皮子里侧，焖一天（用水焖也可以），使皮张软化。然后用“贺得勒”把表皮上的毛刮掉，再用“毛贺得勒”反复揉搓。皮子熟软后，再用朽木把皮子熏一下，目的是让皮子沾水后不硬。一张比牛皮大的犴皮两三天就可以熟好。

熟狍、猞猁等小皮张方法：把皮子晾干后，将狍肝捣烂涂在皮子里侧，焖一天。待皮子软后，用“贺得勒”将肉丝刮掉，再用“毛贺得勒”反复揉搓。狍皮等小皮张，1 天可以熟 3 ～ 4 张。

清代以前，熟皮子主要做衣服、被褥等自己用的制品。自民国开始，除自用外，剩余部分用来交换或出售。

制成品。有用熟好的皮子制作各种衣服、靴鞋、被褥、手套、皮帽和“斜仁柱”上的遮盖物。其中，“灭塔哈”（狍头皮帽子）是用冬天带狍耳朵、眼睛的（有的还带狍角）狍头皮，在头皮两侧用皮子做上帽耳，平时卷立在侧面，冷时放下护上双耳。这种帽子“双耳挺然，如人生角”。

皮袍

“苏恩”（长皮袍）。有狍皮、鹿皮、犴皮 3 种，均是冬天的长毛皮。1 件长袍需 7 张狍皮，小犴皮或鹿皮则需 3 张。男皮袍需 3 天做成。“阿西苏恩”（女长皮袍）因多花纹需 5 天才能完成。一般狍皮袍可穿 3 年，鹿皮、犴皮长袍可穿 4 年。“卡润那”（小孩皮袍）多用狍皮。

“大哈”（皮大衣）。用冬天的长毛狍皮做成。

“古拉米”（春秋穿的皮衣）。用夏季“红杠子”（短毛皮）狍皮做成，每件衣服需狍皮 5 ~ 6 张。

“卡里孟”（短皮袄）。用夏天的狍皮做成。

“额勒开依”（狍皮裤）。用秋天的狍子皮做成，冬季穿，每件皮裤需狍皮 3 张。

“部克斯开依”（鹿皮裤）。鹿皮去毛后做成，夏天穿。

“阿木苏”（皮套裤）。用秋天的狍皮制成，两条裤脚各自成筒状，无裆，每个裤筒各有带系在腰上。每条“阿木苏”要狍皮 1 ~ 2 张。

“陶窝吞”（皮袜）。用秋天的狍皮做成，两张狍皮可做 3 双。

“敖洛奇”（布勒皮底靴）。用夏天公狍的脖子皮做底儿，勒 3 ~ 4 层布纳在一起做成，主要是春、秋穿。

“其哈密”（狍腿皮靴）。用冬天的狍爪子皮 16 张连在一起做靴勒，用野猪皮做底儿，穿时套狍皮袜子。此种靴鞋轻便，冬天穿又暖和。

男式短皮袍（古拉米）

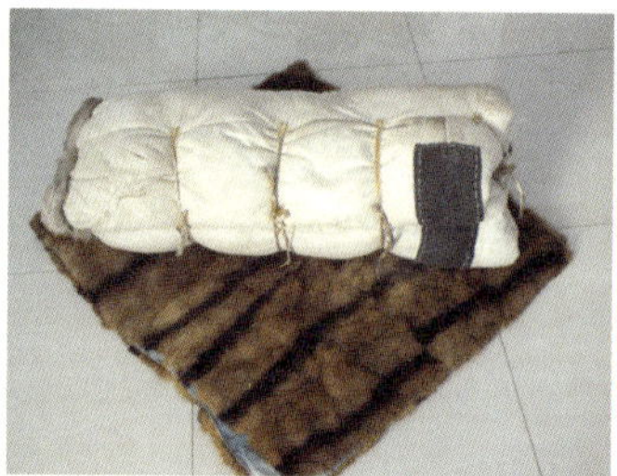

狍皮被（乌拉）

狍腿皮靴（其哈密）

狍皮手工艺制品

狍头帽（灭塔哈）

狍皮套裤（阿母嘿）

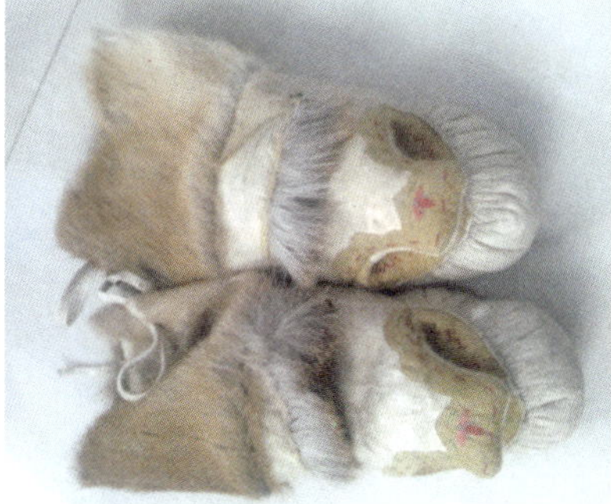
狍皮手闷子（猎人打猎时专用手套）

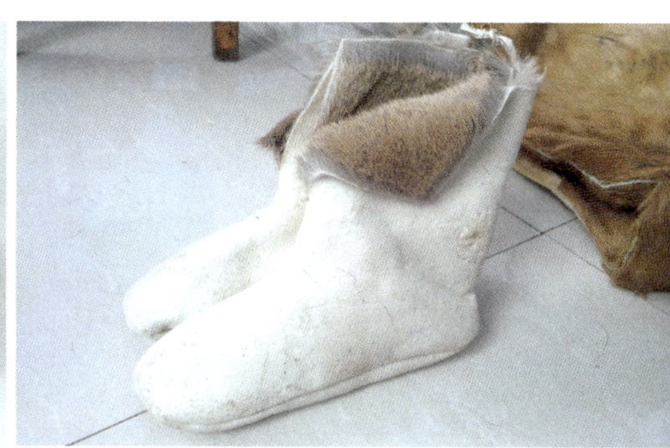
狍皮袜头子

“克洛格米”（狍腿皮靴）。用夏天的狍爪子皮做成。毛短无绒，夏天穿。

“温梯”（长靿靴）。用鹿或犴下腿皮接起来做帮，用犴皮做底儿，靴到膝盖。穿用时要套穿狍皮袜子，非常保暖。

“纱拉巴开依”（五指皮手套）。用秋天小毛狍皮做成。

“考胡鲁”（手闷子）。用冬天长毛狍皮做成。这种手套，大拇指同其他四指分开，手心处留有开口，便于狩猎时伸出手指扣扳机。一张狍皮可做两副。

“瓦拉开依”（手闷子）。用冬天长毛狍皮做成，但手套的手心处无开口。

“纳纳乌拉”（皮被）。有两种。一种是普通的，另一种是用冬季猎到的狍皮缝制的睡袋。做双人睡袋需用 8 张袍皮，单人睡袋用 6 张狍皮。在野外狩猎时，猎人在冰天雪地里就宿于这种睡袋中。

“乌拉”（皮被）。用冬天长毛狍皮做成。双人被需狍皮 8 张，单人被也需狍皮 6 张。另一种是供猎人出猎时在山上盖用的筒式单人被，需 6 张狍皮制成。

“奥沙色吐恩”（皮褥子）。用冬天长毛狍下腿皮做成。需狍腿皮 80 余条。也有用狍皮、熊皮做的皮褥子。

“阿细阿文”（妇女戴的皮帽子）。在毡帽上镶狐狸皮或猞猁皮，帽子上有 4 耳，两侧为大耳，前后为小耳，非常精细。

“蒙格立”（大皮口袋）。用夏天的公狍皮做成。

“乌塔罕”（小皮口袋）。用夏天的公狍皮做成。

“卡巴达拉嘎”（随身带的烟荷包）。用两只狍爪子皮做成，底儿大，口小。

“乌洛呼参”（烟口袋）。用狍爪皮做成，可装 1.5 ～ 2 千克旱烟。

“沙马黑”（萨满神衣）。用夏天的公狍皮做成。

狍皮绣花手套

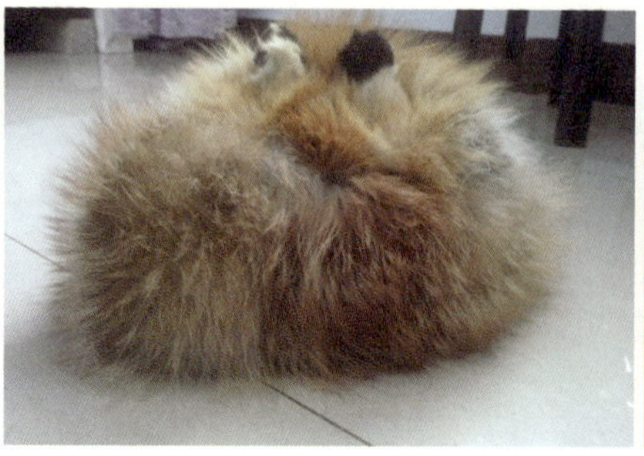
狐狸皮帽

狍皮背包（归撒）

“翁吐英”（萨满神鼓）。用公狍皮做成。

“额伦敦”（冬天“斜仁柱”用的皮围子）。用夏天的狍皮连成大块，每块需20余张狍皮或7张鹿皮。小块需10张狍皮或3张鹿皮。一个“斜仁柱”需皮围子4大块、2小块。

“乌鲁克布吐恩”（皮门帘）。冬天挂在“斜仁柱”门上，用狍、犴、鹿脊背皮制作而成。狍皮要用3张，鹿皮、犴皮要用1.5张。

“毛核格”（枪套）。用能防水的獾子皮或野猪皮做成。

“阿拉恩开依”（背包）。用狍、犴的碎皮子拼凑而成，并绣有花纹。

“卡皮”（皮箱）。用狍、犴腿皮制成，需狍腿皮20余张或犴腿皮10张。

“卡皮参”（皮背包）。用小猪皮、狍腿皮或獾子皮制成。

“齐春”（马鞭子）。用犴皮做成。

“额拉葛布其”（坎肩）。用狍皮做成。

兽皮制作技艺省级传承人葛长云讲述狍皮缝制技艺

兽皮制作技艺省级传承人关红英传授狍皮制作技艺

鄂伦春族缝制皮制品都以各种兽筋为线，但多数用狍筋、鹿筋、犴筋。其制法：将兽筋剥出后风干，干透后用木槌砸捣，砸到筋舒散时为止。然后用手将两根细纤维搓成线，每根 0.67 ~ 1 米长。用兽筋缝制的皮制品经久耐用。

2012 年 9 月 11 日，兽皮制作技艺国家级传承人孟兰杰演示鄂伦春族狍皮制作技艺（梳狍皮）

由黑河市、大兴安岭地区申报，2008 年 3 月 27 日，鄂伦春族兽皮制作技艺被黑龙江省批准列入第一批省级非物质文化遗产名录。同年 6 月 14 日，鄂伦春族兽皮制作技艺经国务院批准被列入国家级非物质文化遗产名录。新生村的孟兰杰、葛长云（参见本志“名人与名村 · 名人简介 · 孟兰杰、葛长云”）、关红英分别被认定为国家级和省级非物质文化遗产兽皮制作技艺代表性传承人。

1975 年 11 月出生于新生村的关红英，父辈都是鄂伦春族，自幼就聆听着淳朴的鄂伦春民歌，看着勤劳的鄂伦春族妇女熟制皮活，在柔软的皮板上穿针走线，耳濡目染，熟知鄂伦春族传统文化、习俗，深入发掘、保护、传承鄂伦春族非物质文化遗产，于 2013 年被确定为省级兽皮制作技艺第二代传承人。

桦皮制作技艺 鄂伦春族人世世代代游猎在广袤的森林里，他们的先辈已经了解桦树皮（简称“桦皮”）的物理特性，并开始用桦皮制作生活用具。桦皮制品有轻便、防水、防潮、耐用、不怕摔碰的性能，深受鄂伦春族人的喜爱。其日常所用诸如衣物、食品、针线、烟草、水酒等都用桦皮制品盛装。迁徙时把所有物品放于桦皮容器里，再放在马背上，一匹马驮载的就是整个的家，非常方便。现代，鄂伦春人的生活发生了翻天覆地的变化，在其他材质的生活用品得到广泛应用的情况下，他们并没有丢掉本民族制作桦皮制品的手艺。在新生村一些家庭里还可以看到少量的桦皮篓，用它们装粮食和鸡蛋。许多鄂伦春族妇女仍然热衷于桦皮工艺品、桦皮镶嵌画、桦皮刻画的创作，把更多的精力用在桦皮工艺品的种类、纹饰、外形上。有的传统桦皮制品则当作室内的装饰品，或者旅游纪念品。她们以传统桦皮制品的制作工艺、纹饰、用途作为创作的基础，以当今人们的审美观念、社会时尚流行趋势为创作导向；并在工艺品的种类、样式、纹饰、色彩等方面进行不断改良、创新，对当地旅游业、市场经济的发展和中国北方诸民族的桦皮文化的传承起到了不可忽视的作用。新生村瑟尔魄乌娜吉桦树皮工艺厂，现已开发出五大系列 200 多个手工艺制作品种，实现年收入 10 万余元。

现代的桦皮制品，集观赏和实用于一体，在新生村鄂伦春族家庭生产生活中，仍占有一定的比重。用桦皮制作各种盆、碗、盒、箱等器皿，除把雕刻和绘画技术用在这些桦皮制品上外，也用特制的骨器或铁器模具在其上面压刻美丽的图案和花纹。而在器皿上面画的多是花草、动物、云卷及神像等。其中，花草、蝴蝶主要画在桦皮摇篮及桦皮盆的周边。鄂伦春人还用桦皮剪各种形态逼真的鹿、犴、狍子、马、猎狗等。在儿童玩具中，大人们时常用桦皮为他们制作小摇篮及桦皮背包。

制作方法。在制作桦皮制品之前，鄂伦春人对剥取下来的桦皮要进行精细的加工，首先将桦皮的硬皮和凹凸不平的部分剥去，然后将桦皮变软以便剪裁。桦皮变软方法有以下两种：一是在文火上烧烤片刻，桦皮遇热会变得更软；二是用水煮或隔水蒸，桦皮经蒸煮处理后柔软耐用。之后将它们摞起压平，最后根据需要进行裁剪，即可以制作各自喜爱的桦皮制品。迄今，绝大多数手工艺人采用的是后一种方法。鄂伦春族妇女用桦皮制作生产生活用具时，尽可能运用和发挥桦皮自身特有的长处，创造具有艺术风格的器物造型。现代桦皮制作技术，既把鄂伦春人的桦皮制品推向了新的历史发展阶段，又使桦皮制作技艺和文化得以传承。

桦皮制品。主要有“空该”（桦皮篓）、“古约文”（拾果桶）、“木灵开依”（水桶）、“充那”（圆底水桶）、“沙皮”（筷子筒）、“阿罕”（桦皮盆）、“阿参”（桦皮碗）、“笔合子”（桦皮帽盒）、“敖沙呃”（桦皮针线盒）、“玛塔”（桦皮烟盒）、“卡米砍”（桦皮

桦皮制作技艺

桦皮制品

盆）、“阿达玛拉”（桦皮箱）、“铁克沙”（桦皮加工后苫“斜仁柱”的覆盖物，夏天用）、“塔鲁木古”（桦皮船）、“索克嘿”（神像盒）。

桦皮船的制法。原料为光滑的白桦树皮，主要做船底。要求长 5.3 米（短的 3 米多）、宽 1.67 米（窄的 1 米）；樟松木头直径 0.4 米（最粗不过 0.5 米），长度 5 米；松树油若干，用于黏合、堵洞。备料为船骨架的材料。长木条 24 ~ 25 根：厚 0.1 ~ 1.5 厘米，宽 5 厘米，长 5 米。船帮：扁方块形木条 4 根，长 5 米、宽 8.25 厘米、厚 3.3 厘米。船头：4 块与船帮长、宽、厚相同的木板，但要有 0.33 米长的弧度。短木条 70 ~ 80 根：长 1 米、宽 8.25 厘米（或 6.6 厘米）、厚 3.3 厘米。船头里侧木板 4 块：长 4.24 米、宽 8.25 厘米、厚 1.65 厘米，一头略加削尖。木钉：头四方形，长 10 厘米、宽 1.65 厘米，共需 150 ~ 160 个。别棍：宽 8.25 厘米、长 1.33 米，共 4 根。制法：先将 3 块桦皮一张压一张接起来，作为船底。将 4 块船帮分别夹住中间桦皮的边，然后用 60 个木钉钉住，木钉间距为 8.25 厘米。然后，在船帮之间放上 7 ~ 8 块长木条，用犴皮绳把船底卷成半圆形，再把一头的桦皮折起来用木钉钉上，使船头与船帮两头接上。之后，将绳子解开，用船头的木条和船头合起来将桦皮夹住（前后各两面），每面再用 20 个木钉钉上。船头也需按上面的方法把长条、短条放好，将两头的桦皮并起来钉好。别棍别在船头的船帮上。如有小洞就用松树油涂抹。“苏克”（木桨）是用樟橙板制作，长短因人而异，主要在深水划用。逆流或浅水要靠 2 ~ 2.33 米长的撑竿。桦皮船顺流行驶每小时可行 25 千

桦皮盒和牙签盒

米左右，逆流上行每小时 10 千米左右。桦皮船一般可用 2 年。

桦皮篓（盒）的制法。每年 6 月，桦皮水分大，最易剥下。工具是猎刀。先选用粗细相当的桦树，用刀在树干上下横划两刀，然后再竖划一刀，再用手轻轻顺势扒下来。根据制作东西的大小，将桦皮量出尺寸割下、缝制。箱子、篓子、针线盒、嫁妆盒、神像盘都要用“托克托文”（雕刻工具）刻着各种花纹，有的还染上红、绿等颜色。制作“铁克沙”时，事先将桦皮泡在水里，几天后拿出蒸煮。这样的桦皮柔软、好制作，不裂、不变形、耐用。然后，再用马尾和线麻合搓成的绳子缝制，不怕水、不断线。主要工具有猎刀、剪子、针和雕刻用的骨制或铁制刀具等。

新生村桦皮制作技艺市级传承人张玉霞，退休前是乡里的干部。2003 年，她想把从长辈那里学到的制作桦皮手工艺品的手艺发扬起来，在家里办起了小手工作坊，从村里找了 5 名年轻人，教、做同步展开，很快制作出一批小巧、精致的牙签罐、茶叶桶、首饰盒等桦皮工艺品，上市后供不应求。

古伦木沓节 “古伦木沓”为鄂伦春语，意为祭祀火神。古伦木沓节由祭祀火神的仪式演变而来，祭祀火神需要点燃篝火，因此古伦木沓节也叫篝火节。鄂伦春族自古以来繁衍生息在黑龙江流域和大小兴安岭的密林深处，世代以狩猎和游猎为生。这种独具特色的生产生活方式形成别具一格的传统节日——古伦木沓节。鄂伦春人每到年节或吉日，家家户户都要在自家门前燃起篝火，并焚香跪拜祷告，以求火神保佑平安；饭前还要向火塘洒酒抛肉，以示供奉。长此以往，形成一种世代传承的民间习俗。

鄂伦春族古伦木沓节习惯在每年的春季举行，届时人们带着好酒好肉及帐篷等物，

鄂伦春族古伦木沓节

举家骑马到指定地点参加活动。节日期间，活动内容丰富多彩。白天举行赛马、射箭、射击、摔跤及唱歌、跳舞、讲故事、下棋、玩木牌等文体活动；夜间拢上篝火，请萨满跳神，祭神祭祖。古伦木沓节并非是单一的祭神祭祖日，同时还蕴含着丰富的文化内涵。然而，由于历史原因，古伦木沓节有很长时间停止活动，近几年虽然有群众自发性

2016 年古伦木沓节

地加以恢复，但活动的方式和内容已发生了很大变化，一些传统活动濒临消失。因此，保护这一民俗节日刻不容缓。

由黑龙江省申请，2006 年 8 月 6 日，鄂伦春族古伦木沓节经国务院批准被列入第一批国家级非物质文化遗产名录。自 2007 年开始，新生乡每年都在新生村举办古伦木沓节。2012 年 8 月 6—7 日，爱辉区与省鄂伦春族研究会在新生村共同举办了黑龙江省首届鄂伦春族古伦木沓节。邀请了国家民委副主任丹珠昂奔及省、市各级领导，俄罗斯腾达区政府鄂伦春族代表团，内蒙古鄂伦春自治旗代表团，全省其他少数民族代表和国内知名鄂伦春族人士等 500 余人参加此次盛会。活动期间，同时举办了鄂伦春族研究会年会，桦皮、剪纸及兽皮作品展，民族文艺展演，传统祭祀，篝火狂欢，民族传统体育竞技等活动，黑龙江省首届鄂伦春族古伦木沓节取得圆满成功。此次活动是黑龙江省大型民族文化活动的重要组成部分，是全省鄂伦春族人民的节日。以往的古伦木沓节均是鄂伦春族群众自发性活动，由政府出面组织举办古伦木沓节尚属首次。

口弦琴演奏技艺 鄂伦春族口弦琴，鄂伦春语叫“明努卡”，也叫“天恩共”（意为铁的声音）或“木库莲”。中国的鄂温克族、达斡尔族以及外国的因纽特人、印第安人、北欧拉普人、日本北海道阿依努人，都有口弦琴伴随过他们的生活。可见，口弦琴是狩猎民族普遍使用的乐器，并且历史较为久远。新生村鄂伦春族口弦琴及相关的演奏技艺，被批准列入黑龙江省第二批省级非物质文化遗产名录。

鄂伦春族“明努卡”多为铁制（也有用铜制），长 12 ~ 15 厘米，手持部分为圆环形，连接两根“梢形”铁条，中间夹一条薄钢片，钢片一端缠一点棉花或镶柳木柄，以便于用手来弹拨。演奏方法是用左手持琴，把琴横放于唇内前上下牙齿的中间，右手弹拨。声音靠口腔、唇的开合，呼吸强弱来配合调节音量和音色。男人多用食指的第一、第二关节中间弹打，力度大，甚至身体也随节拍摆动，表现出一派男子汉的风度，音色也较为浑厚洪亮。女人则用指尖轻轻弹拨，声音也较为柔弱。鄂伦春族口弦琴作为自娱工具，多在闲暇时或狩猎的间隙弹打取乐。单调的生活也使鄂伦春人对口弦琴的演奏赋予了更丰富的想象力和创造力，他们常常用来表达演奏者的心情，如年轻女子或失去丈夫的妇女，常在弹拨口弦琴中表现自己孤独的心情，口弦琴可以演奏出音色委婉哀怨的旋律，如泣如诉，让人听了十分动情。男猎手打到猎物后弹拨的口弦琴，音色较为活泼有力，表现出他们的喜悦心情。有时他们还用口弦琴模仿鸟或其他动物的叫声，还风趣地配合一些手势、动作和表情，更加生动形象。此时也是最能体现鄂伦春人特有的幽默、诙谐天性的时候。此外，鄂伦春人常用口弦琴来传递男女青年之间的感情信息，男青年猎手常用弹口弦琴对有好感的姑娘表示爱意，如果有某男青年猎手把口弦琴捎给哪位姑娘，则意味着求爱和约会。

链接：口弦琴演奏者

鄂伦春族口弦琴演奏技艺，由黑河市爱辉区申办，2009年6月10日，被正式列入黑龙江省第二批非物质文化遗产名录。新生村内有省级口弦琴演奏技艺传承人吴瑞兰（女），市级传承人张慧（女）、夏爽（女）、孟明明（女）。

口弦琴演奏技艺省级传承人吴瑞兰演奏口弦琴

吴瑞兰，1947年出生于新生村。她自幼喜欢鄂伦春族传统民歌，跟鄂伦春族老人孟玉花学会了演奏口弦琴。多年来，口弦琴成为她生活中不可缺少的内容，她的演奏赋予丰富的想象力和创造力。2012年，她参加黑龙江省鄂伦春族首届古伦木沓节演出，超高技艺的口弦琴弹奏获得观众一致好评。吴瑞兰将口弦琴的演奏技艺教给了两个十几岁的孙女，还教会了另外十多个孩子。吴瑞兰不顾年老体弱，尽自己最大的力量，将口弦琴演奏技艺传给下一代，为传承鄂伦春民族文化做着自己的贡献。

口弦琴演奏技艺省级传承人吴瑞兰传授口弦琴演奏技艺

张慧，1984 年出生于新生村一个普通的猎民家庭里，祖祖辈辈靠打猎为生，父亲是远近闻名的好猎手，精通鄂伦春民族语言和传统猎刀技艺。张慧从小对鄂伦春族各个方面的传统文化有着深深的感情，平常十分注重民族文化学习，尤其是对鄂伦春族口弦琴颇有研究，演奏技艺很高。

夏爽，从 2015 年开始，夏爽向俄罗斯的鄂伦春族人学习口弦琴，并经常利用业余时间练习和研究，演奏技艺得到快速提升。2016 年，她在新生乡原始部落体验区里使用口弦琴参加演出，此后专门从事对口弦琴技艺的研究、开发与传承。

孟明明，小时候经常听姑姑弹奏口弦琴，孟明明就好奇地问是什么？姑姑说是口弦琴，是鄂伦春族人的传统乐器。从此，她就爱上了口弦琴，并且学会了演奏技艺。2010 年，她参加乡里组建的刺尔滨艺术团，口弦琴才艺得到发挥。2015 年，她参加录制《爱广之声》，宣传鄂伦春族口弦琴。

鄂伦春族谜语

谜语是鄂伦春族一种短谣式的口头创作，分谜面和谜底两部分。有物谜和事谜两种，构思巧妙，富有想象力，有民族特征，深受鄂伦春族的喜爱。有的至今仍然流传在新生村鄂伦春族老人中间。2008 年 6 月 7 日，鄂伦春族谜语经国务院批准被列入第二批国家级非物质文化遗产名录。

表现人体的物谜

一座圆山周围七个空洞——人的七窍

用手抓不满一把，放开手无边无境——眼睛

一堆草丛无骨节——头发

山两旁卧着两只小老虎——耳朵

两人肚子朝后、背朝前——小腿

十人背上各有一块冰——指甲

一片白桦鲜又鲜，一匹红马蹦得欢——牙齿和舌头

两个秃子追十人，怎么追也追不上——脚跟和脚趾

一棵朽木沉甸甸，一年四季也不干——鼻子

一个水泡子周围有很多人钓鱼——眉毛

事谜

一只狍子没屁股，肠子拖在身后边——针和线

白天上吊死去，夜晚重新活过来——纽扣

两个山洞下，各结一个瓜——耳环

有个人的鼻子朝天长——挂吊锅的木钩

去时光着身子，回来穿着皮袄——烤饼

花鹿住过的地方，三年去不掉痕迹——篝火烧过的地方

二十多个兄弟扯着对方的脖子和头发不放——“斜仁柱”木架

一个老头愁又愁，两个耳朵让人揪——吊锅

一条绳子量起来没有头——公路

有个家伙多新鲜，前头后头都有脸——马鞍子

三个人的背向着一团火——“斜仁柱”三面炕沿

兄弟二人做件事，弟弟必须先挠哥哥的背——火柴和火柴盒

一个老汉八十三，半边出汗半边干——磨刀石

走一步，丢一只鞋——雪地脚印

一棵樟松粗又长，根朝上来梢朝下——马尾巴

一条绳子缠又缠，左绕右绕也缠不完——小路

桦皮船下没有水，桦皮船中彩云飘——摇车

囫囵被上盖一条有千万个窟窿眼的破皮袄——夜空和星星

有个姑娘身穿红杠子皮袄，头戴草帽——刺玫果

动、植物和武器的谜语

黑马肥，青马胖——熊和野猪

爷爷的拐棍拿不得，奶奶的包袱摸不得——蛇和刺猬

一条绳子拿不得——蛇

草地上扣着四只碗——马蹄子

夏天起来，冬天睡下——爬山藤

一只鸟嘴尖又尖，一口咬死犴达罕——箭

“摩苏昆” “摩苏昆”是鄂伦春族聚居区的一种曲艺说书形式，形成于清代末期，流行于黑龙江大小兴安岭，是鄂伦春族历史传承与文化交流的重要载体。鄂伦春语意为

“讲唱故事”。演出形式多为一个人徒口表演，没有乐器伴奏，说一段，唱一段，说唱结合。内容以英雄传说和历史故事为主，还包括鄂伦春族的日常生活和爱情故事。2006 年 5 月 20 日，黑龙江省申报的“鄂伦春族摩苏昆”，经国务院批准列入第一批国家级非物质文化遗产名录。“摩苏昆”的艺术传承一直以口耳相传的方式进行。“摩苏昆”在形成后的整个 20 世纪，曾经是鄂伦春族人民重要的娱乐和教化手段，同时又是其民族精神和思想的载体，对于了解和研究包括鄂伦春族在内的北方各渔猎民族的社会、历史、经济、文化和宗教传统意义十分重大。

“摩苏昆”的文学语言流畅、押韵、精炼、朴实，在散文和韵文中均有很突出的表现，善于运用比喻、比拟、夸张、排比、借代等各种修辞手段，其曲调分固定和不固定两种。且因流行地的不同而有所不同，如流传在黑河市逊克县的多用“库亚若调”，流传在大兴安岭地区呼玛县的多用“库尧勒调”，流传在黑河市爱辉区新生村的多用“因交调”，属于“类型曲调”。还有根据节目不同而使用不同曲调的情形，如演出《阿尔旦滚蝶》时必用《四季来临的时候》，演出《双飞鸟的故事》必用《渡口河边》，演出《猎人和心爱的妻子》必用《妻子的礼物》，属于“定型专用调”。另有自由选用或借用各种曲调表演的情形。

“摩苏昆”的说唱音乐，基本上保留着原始、单纯、叙事性强的特点，旋律一般以五声音乐或不足五声音乐构成，虽旋律起伏变化不大，但非常悦耳动听，并带有鄂伦春族独特、浓郁的民族风味。

“摩苏昆”说唱故事有长有短，长的要讲上几天甚至十几天，故事人物鲜明。语言生动，情节曲折，引人入胜。《英雄格帕欠》唱词达 1900 行，十万余字，运用比喻、夸张、排比、借代等多种修辞方法，生动地描述了格帕欠同恶魔斗争的故事，是我国文学宝库中罕见的宏大史诗。新生村有“摩苏昆”演唱技艺市级传承人吴海凤。

新生村非物质文化遗产传承人一览表

表 2

姓名	性别	出生日期	职业	项目名称	传承级别	批准时间	备注
吴福兴	男	1944 年 5 月 1 日	职工	狩猎技艺	省级	2010 年	第二批
莫彩强	男	1959 年 4 月 15 日	村民	“斜仁柱”搭建技艺	省级	2009 年 6 月	第二批
吴　楠	男	1978 年 8 月 7 日	村民	狩猎技艺	省级	2016 年 10 月	第五批
张林江	男	1958 年 1 月 10 日	村民	狩猎技艺	市级	2017 年 7 月	

续表 2

姓名	性别	出生日期	职业	项目名称	传承级别	批准时间	备注
戈春庆	男	1963 年 3 月 15 日	村民	狩猎技艺	市级	2017 年 7 月	
孟兰杰	女	1948 年 11 月 5 日	村民	兽皮制作技艺	国家级	2009 年 6 月	第三批
葛长云	女	1947 年 7 月 20 日	村民	兽皮制作技艺	省级	2012 年 6 月	第三批
关红英	女	1975 年 11 月 14 日	职工	兽皮制作技艺	省级	2009 年 6 月	第二批
关春英	女	1977 年 3 月 8 日	村民	兽皮制作技艺	市级	2017 年 7 月	
吴丽伟	女	1972 年 6 月 14 日	村民	兽皮制作技艺	市级	2017 年 7 月	
吴玉兰	女	1958 年 4 月 29 日	村民	兽皮制作技艺	市级	2017 年 7 月	
吴红霞	女	1977 年 5 月 18 日	村民	兽皮制作技艺	市级	2017 年 7 月	
张玉霞	女	1956 年 5 月 5 日	职工	桦皮制作技艺	市级	2017 年 7 月	第一批
夏　爽	女	1992 年 11 月 16 日	职工	口弦琴演奏技艺	市级	2017 年 7 月	
张　慧	女	1984 年 1 月 19 日	职工	口弦琴演奏技艺	市级	2017 年 7 月	
孟明明	女	1983 年 7 月 2 日	职工	口弦琴演奏技艺	市级	2017 年 7 月	
吴瑞兰	女	1947 年 2 月 27 日	村民	口弦琴演奏技艺	省级	2009 年 6 月	第二批
吴海凤	女	1964 年 12 月 2 日	村民	“摩苏昆”演唱技艺	市级	2017 年 7 月	
张林江	男	1958 年 1 月 10 日	村民	鄂伦春族猎刀	区级	2017 年 6 月	
戈春庆	男	1963 年 3 月 15 日	村民	狍哨演奏技艺	区级	2017 年 6 月	
吴丽霞	女	1960 年 2 月 10 日	村民	肉干制作技艺	区级	2017 年 6 月	
张玉霞	女	1956 年 5 月 5 日	职工	兽骨制作技艺	区级	2017 年 6 月	
孟　宇	男	1982 年 1 月 23 日	村民	“斜仁柱”搭建技艺	市级	2017 年 7 月	
吴　坚	男	1982 年 4 月 4 日	村民	“斜仁柱”搭建技艺	市级	2017 年 7 月	
莫彩柱	男	1964 年 7 月 1 日	职工	鄂伦春族传统民歌	市级	2017 年 7 月	
关　杰	女	1994 年 7 月	职工	鄂伦春族“依哈嫩”	市级	2017 年 7 月	

民间艺术

雕刻　鄂伦春人的装饰艺术别具风格，特别是雕刻在桦皮制品上的图案，堪称一绝。一般先用纸剪好花样，然后描绘在平整的桦皮上，再用雕具刻。

花纹大致可分三种：一是云雷纹，是最常见的一种，多做图案中心，象征吉祥；二是“套热格音”（鄂伦春语），是一种连续回转纹，一般用在制品的边沿处，也有的做花纹的四框；三是花朵组成的花纹。

刻具叫“托格托文”，是用鹿、犴或狍子下腿骨磨制而成，它有二齿、三齿和四齿之分。二齿用来雕刻器皿上的花朵，三齿和四齿则是用来雕刻花边的。

桦皮器皿种类很多：有底大口小可供采集野果用的小桶，有长方形或椭圆形的针线盒，有扁圆形的烟盒，有专门用来装神像的神盒等。这些用途不同的器皿，其花纹也各有不同。有一种叫“阿达玛勒”的桦皮盒，是姑娘在结婚时从娘家带来的嫁妆，在这长而扁形的盒上所雕刻的花纹往往更有艺术色彩。盒盖中心雕刻“珠勒都很”花纹，其意为团圆。盒盖和盒身周围的花纹叫“奎热格音”，其意就是不能随随便便，即终身不变心之意。“阿达玛勒”上的花纹颜色多为红、黄、黑三种。红色象征姑娘之喜，黄色象征男子之喜，黑色是一种配色。雕刻在其他器皿上的花纹种类很多，一般是随意雕刻，没有象征意义。其中，木雕就是在木质器具如马鞍、木盆等上面雕刻。花纹图案有云纹、花卉等，其颜色多为红色、黄色。如马鞍和鹿哨上雕刻云字纹，木盆、木碗上雕刻花卉图案等。骨雕，多以兽骨刻制而成，有妇女喜爱的骨纽扣、生活用品骨筷子等。其中，骨指环，鄂伦春语为“乌尔郭屯恩”，最初为射箭用的工具，戴在右手拇指上，后来成为男性的装饰品，既是好猎手的一种标志，又是一种吉祥物。

绘画　鄂伦春族人绘画，画最多的是花草、小鸟、蝴蝶、神像等，多在小孩摇篮、桦皮盒上画，由妇女完成；神像画在纸上，也有的画在布上，由男人完成。

绘画着色用毛笔，颜色有紫、绿、黄三色，有时也用红色和黑色。神像的衣着和脸色大体仿照人形而画，有的在神像四周画上飞云、太阳、月亮、高山、小树等图案，其意是祝愿神佛永远生活在有山有水的极乐世界里。也有画上一些小人，用意是让神佛永远有个侍从者和护卫。1980 年，在新生村莫宝龄拆除旧房时出土的一套神像、神偶中，有用布裱纸画成的水粉画 17 幅，这是新生村鄂伦春族先辈绘画创作的见证。

刺绣　鄂伦春人喜爱刺绣，萨满的法衣和法帽上绣有各种花纹和小鸟。女人穿的服装领子、腰带及袖头上都绣有花纹、鱼儿、蝙蝠、蝴蝶等，就是在枕头的两头、烟包上、鞋上也都有图案。刺绣大致有两种：一种是在各种皮制品的皮板上用花线绣花；另一种是将皮板剪成各种花纹或图案，然后绣在皮制品上。刺绣的图案主要有团花、几何纹、波浪纹、独立花纹、角隅纹和萨满服上的树木、动物、人物等。常见的绣花服装

“敖鲁奇”（布勒靴子），是在布鞠上绣花边；“卡巴达拉嘎”（烟荷包），是在烟荷包四边绣各种花边，中间绣有花朵、蝴蝶等；“狄因开依”（短勒皮靴），在脚面和皮勒上绣有花朵；“哈白黑”（五指手套），在手背上绣有花朵；“卡皮参”（皮背包），在背包上用

兽皮制作技艺省级传承人葛长云（中）传授狍皮刺绣技法

狍皮绣花手套（萨比嘿）

绣花背包

萨满服（撒吗黑）

烟口袋（卡屯儿嘎）

皮子剪出各种花纹缝在上面；“苏恩”和“古拉米”（分别是冬天和春秋穿的皮袍），男皮袍镶边（也有简单花纹），女皮袍不仅要有细致的花纹，而且在衣服大襟、开衩处还绣有精美的花纹图案。

剪纸 鄂伦春族剪纸，是流传于黑龙江省大兴安岭地区呼玛县和黑河市爱辉区新生乡新生村鄂伦春族人中的一种艺术形式，是民族传统文化艺术的重要组成部分。在鄂伦春族传统服饰中，它作为标志性图案具有不可替代的作用。其内容多以大自然花草树木、动物形象及劳动工具为主。剪纸人触景生情，在心中形成图案，直接剪裁而成。剪纸作品多数用在服饰和桦皮、兽皮制品上，表现形式繁简错落。经长期的艺术实践，形成了古老浑厚、纯朴粗犷的北方狩猎民族风格。主要剪纸作品有《白日依可

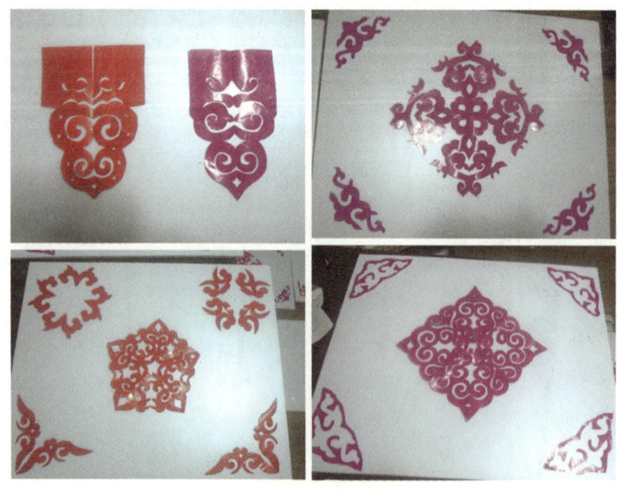

鄂伦春族剪纸

严》《提一沙》等。鄂伦春族的剪纸技艺，2009 年 6 月被列入黑龙江省第二批非物质文化遗产名录。

鄂伦春族剪纸的代表人物是葛长红。葛长红是出生在新生村的鄂伦春族青年艺人，自幼跟随父母上山打猎，长期生活在森林里。她经常看到婶婶用剪刀把桦皮、狍皮板剪成各种漂亮的形状，还用各种颜色的马鬃编绳子，便对色彩和剪纸产生了浓厚的兴趣。上学后，她在美术方面表现出天赋，想着婶婶剪纸的样子开始自学剪纸。自 1991 年开始，她去深圳发展，十多年从未放弃过剪纸。后来在北京专门研究鄂伦春族剪纸技艺，想起家乡，她经常触景生情，拿起剪刀就会让普通的纸在手中变成美观大方、柔美流畅的具有浓郁的鄂伦春族特色的各类剪纸。她自小的梦想就是把鄂伦春族剪纸设计成画，走入每个家庭，走向全国，走向世界，让人们都能感受到鄂伦春民族剪纸的魅力。为了能够结合现代人的生活方式，她经常欣赏其他民族的剪纸，研究现代的审美观念，在鄂伦春族剪纸上加入新的元素。她还经常登门拜访一些鄂伦春族的老人，并向她们虚心求教，使自己手中的鄂伦春族剪纸更纯粹，技术更加熟练。[①]

舞蹈

鄂伦春族是个擅长舞蹈的民族。舞蹈与生活息息相关，和民歌相连，舞姿古朴。在传统的舞蹈中，大致可分为仪式舞、娱乐舞、宗教舞，一般都是边歌边舞。由于生活地域的偏僻与生产方式的单一，舞蹈多以模拟动物姿态的自娱性歌舞为主。每当狩猎归来，一家老小围着篝火饱食猎物后，便随歌起舞。其中广泛流行的《鄂呼兰，德呼兰》，就是既能歌又能舞的一首乐曲。“吕日格仁”也是伴随领唱与合唱的一种自娱性歌舞，表演时，节奏由慢到快，众人牵手顿足，并时有呼号。此外，模拟狗熊姿态的斗熊舞，

鄂伦春族传统舞蹈表演

① 胡堡冬、赵冬梅著：《鄂伦春史话》，安徽师范大学出版社，2012 年版，第 174 页。

具有游戏性质的树鸡舞，也都是鄂伦春族人们喜爱的文体活动形式。“红普嫩”反映的是妇女的采集活动。“依哈嫩”是娱乐性的集体舞。“依和纳仁”是仪式性的舞蹈，是在召开氏族大会的隆重时刻举族齐跳的舞蹈。萨满祭祀活动中的萨满舞是宗教性质的舞蹈。

在新生村的迎宾仪式上、演出节目和娱乐活动中，特别是在一年一度的古伦木沓节上，都有鄂伦春族的各种舞蹈演出。而且，舞蹈形式多种多样。

模仿飞禽走兽动作的舞蹈 如黑熊搏斗舞，是仿照与黑熊搏斗动作而成，最初由 3 个人共舞。开始两个人上身向前倾斜，两膝略向前屈，两手放在膝盖上，两足一起跳跃。同时，两肩和头部向左右摇摆，嘴里还发出“吼吼”的声音。第三个人参加进去，并劝解两个吵架搏斗的“黑熊”。后来，发展为多人乃至人数不限的共舞。“群球嫩”是树鸡舞，舞姿是 2 个人或 4 个人半蹲，手叉在腰上来回迅速跳动，把树鸡嬉戏的样子模仿出来。

娱乐性舞蹈 “鲁力该嫩”是大闹一场的意思。舞姿是几个人或十几个人手拉手围成个圆圈，由一个人领唱一句，众人附和唱一句。随着歌唱的节奏，各自从右向左转动，先出右脚，后左脚合拢起来，双手上下摇动，身段轻松优美。整个舞圈顺时针方向转动，动作也由慢到快，越跳越激烈，人员随时加入或退出。还有一种是“得勒古嫩”，即扇舞。舞姿是两个人站在固定地方，另外两个人围绕固定的两个人走“8”字。跳时

萨满舞演出

两手扇动红绿绸子，动作轻盈，犹如扇扇子。

表现劳动的舞蹈 “红普嫩”是采红果舞。由两个女人面对面转圈，一个向前走，另一个向后退，转一圈拍一下手，把摘果子的姿势勾勒出来。“依哈嫩”是庆祝狩猎丰收的一种舞蹈。两个人手拉手转圈，转两圈翻个身。两人手拉手表示抬野兽，转圈表示马不老实来回动，翻身表示把猎物放到马背上驮起来。

“依和讷仁”舞 是古代在举行氏族大会上、如今在新生村每年举行的古伦木沓节上跳的舞。每组 11 个人，10 人手拉手围成一个圆圈，1 个人站在中央。如果外圈 10 个人都是少年，中央站着的一定是个年过七旬的老人。如果外圈 10 个人都是青年，中间的人可以是同辈人。舞蹈开始，跳舞的人都要蹲着做小蹦跳的动作。然后站起来，仍然手拉手，边跳跃边顺时针方向转动。中间人边跳边唱，外边人也跟着边跳边合唱。因为是氏族大会，又是对青少年进行教育的场所，人们身着节日装，动作也不能有差错。这种舞蹈不分男女，全氏族都可以跳。

宗教性的舞蹈 即鄂伦春族“萨满舞”。在举行萨满“跳神”仪式时，一般只是萨满一个人跳。“跳神”的萨满一定要穿神衣、戴神帽，手持单面神鼓，每请一位神就要唱一个调子。情绪有时热烈激昂，有时悲伤低沉，鼓点儿随之变快变慢，舞步或急速旋转，或慢步移动。“跳神”时，多有群众围观，萨满唱一句，众人也附和一句，严肃认真，不能玩笑。

生活常识

新中国成立前，新生村的先辈，常年生活在深山密林，几乎过着与世隔绝的原始生活。在生产生活实践中，他们用自己的聪明和智慧总结出了独有的辨别方位、了解天气，以及计算时间、物体的长度和重量等方法。

方位 鄂伦春族世代生活在茫茫林海之中，猎人自幼随同父母游猎，养成了辨别方向的能力。白天用太阳辨别方向：日出方向是正东，日正中方向为正南，日正中相反方向为正北，日落方向为正西；夜间晴天靠北斗星：春天北斗星在正东，夏天在西北，秋天在正北。阴天，不论白天、黑夜，都以山脉走向、河水流向来定方向。鄂伦春族狩猎一般都有范围，对在他们活动范围内的山、河名称和走向都了如指掌。不论是迁徙，还是男人猎后让妇女去取猎物，只要做出指示方向，无一找错：一是在“斜仁柱”的火堆灰上斜插一根木棍，是指去的方向。若在木棍底部刻 1 个小口为近，刻 2 个小口为远，刻 3 个小口为更远。二是在“斜仁柱”的火堆灰上斜插 3 米多高的木杆，杆头是指移去的方向，并绑上一块桦皮或一把草，令人易发现。斜杆与地面夹角大，为去之较远，否则为近。若迁至在附近，就将木杆平放在地上。

气象 气象直接影响鄂伦春族渔猎生活，根据经验，他们认为，阴晴预兆：刮西北风天要晴，太阳落山出现长时间晚霞第二天是晴天。冬夜星星闪光，第二天下午是阴天，早晨东方有薄云是阴天。日落时西方有薄云，第二天是阴天。刮风的预兆：夜间星星闪光，第二天必刮大风。早晨浮云游动的快，当天刮大风。下雨的预兆：太阳落山前出现短暂的晚霞，第二天要下雨或下雪。气温突然升高，不是下雨就是下雪。“别力哈”（燕子）在空中不断旋转飞翔要下雨，阴云密布要下雨，刮东南风要下雨，打干雷下小雨，打长雷下大雨。降霜和降雾预兆：秋天天空晴而冷，第二天早晨要下霜。头天昼间闷热，第二天下雾。冷暖的预兆：冬天太阳刚出来时带耳，当天暖和。太阳即将落山时带耳，第二天要冷。月亮从两侧出环，次日要冷。月底不下雨，下月要旱。月初月牙平挂天边，要旱。月初月牙竖挂天边，要涝。夏天经常有早霞或晚霞是旱象。青蛙上山鸣叫要涨大水，农历十四五日下雨，本月雨水大。鱼鳔膨胀要涨大水。

历法 鄂伦春族历法知识是根据生产创造出来的：月圆几次为一年，一年分春、夏、秋、冬四季。雪融化的季节称“额鲁升依”（春天），即农历（下同）二月至三月，是鹿胎期；青草长出来称为“昭内”（夏天），即四月至六月，是鹿茸期；草木枯黄的季节称“保禄”（秋天），即七月至落雪前，是鹿尾期；落雪的季节称“托”（冬天），即初雪后至次年二月，是打皮子期。同时，掌握用盈亏来计算日子的规律：月亮落 4 天后再出月牙，是本月初四，这个月是大建（30 天）；月落 3 天后再出月牙，是本月初三，这个月是小建（29 天）；从月出到月圆为上半月，从月圆到月落是下半月。如此循环几次为 1 年。

月计算方法：在一根绳子上穿 30 根小木棍，从正月初一开始使用。每过一日，从一边向另一边拔一根。30 根拔完，即为一个月。

一天计算方法：日出到日落为一天。一天可分为三段，日出到日偏东南为上午；日从东南到正南为中午；日从正南到偏西为下午。夜间，冬天夜长，要看三星和北斗星，三星在正南为午夜，北斗星尾已朝南则天快亮了。

医疗

鄂伦春族世代在山林中生活，经过长期实践，逐渐认识一些飞禽走兽和植物。它们不仅是鄂伦春族赖以生存的食物来源，而且还是治病的好药材。鄂伦春人总结出了一些治疗疾病的土方子。

动物类 鹿茸可治心脏病、神经衰弱。鹿心血可治各种心脏病。鹿鞭可治阳痿。鹿胎膏可治妇女病。熊胆不仅可治眼病、黄疸、胆囊炎、小儿惊风，还可以治疗妇女病、不育等症。熊油可治结核病。狍子肝脏趁热生吃，可明目、保护视力；肾脏可以补肾、健脾。獐子身上的麝香是世界名贵药材，有强心、醒脑、通窍和开经络之功效，主治热病、中毒、精神不振和急症。獾子油可治疗烫伤、烧伤，其血还可治肺结核。

植物根、茎类 “龟轲尼音逆”（狼舌头草），治疗胃肠炎、腹泻、腹痛、痢疾等。“卡库特”（刺玫花），可治消化不良、胃痛腹胀。“波呀阿冉特”（人参），可治脾胃虚弱、食欲不振和病后虚弱。“吟音细”（党参），可治脾胃虚弱、消化不良，与黄芪配用，可治慢性肾炎。“昂达哈”（百合根），有消炎、止咳、化痰的功能。“拿宁哭热”（满山红），治疗慢性气管炎、咳嗽等。“依涅厄殿”（暴马丁香），治疗慢性气管炎、咳嗽等。“克库泥坦嘎尼”（马粪包），有止血消炎的功能。“卡达白他”（黄芩），可治高血压、头痛、吐血、便血、肠炎、痢疾等。“阿叉”（爬山松），治风湿病、关节炎。“那热特”（马尿臊），治关节痛、骨折、风湿等。“乌拉音乌丘克”（五味子），主治肺虚咳嗽、盗汗、神经衰弱等。“木车贺”（节节草），主治便血、痔、脱肛。“租吐尼君”（蜂巢），可治痈肿、淋巴结核、湿疹等。

牲畜类 用杨树皮熬水灌马，可打下马肚中的寄生虫。将生鸡蛋和熊胆汁调匀灌马，或将蛇捣烂拌水灌马，可治疗马的炎症。将整只啄木鸟烧熟捣成肉泥，用来熏马鼻子，可治马的炭疽病等。

度量衡 鄂伦春族的度量衡和数字运用有独特的办法。衡量长度以两臂伸直为单位，即以度为单位；计算容器的容量以皮口袋为单位，1 个皮口袋可装 15 千克肉干；重量以马驮子为单位，1 匹马大约能驮 50 千克；计算距离以马走几天为单位，1 匹马每天可走 50 千米。

原生态实景演出

特色旅游

20世纪80年代中叶，新生村就被定为旅游区。其独特的风土民情，吸引了众多国内外游人。1993年，先后接待了俄罗斯、新西兰、法国、英国、日本、美国、芬兰、德国、澳大利亚9个国家和全国各地旅游观光团160多个，使昔日沉寂的新生村，成为黑河市对外开放的一个窗口。1997年，新生村面向市场，突出特色，重点发展民俗游、风情游、原始探秘游等。2014年，建成“瑟尔魄乌力楞”原始部落体验区和刺尔滨河谷观光区。中央电视台和省级以上电视媒体拍摄播出《东亚生态大勘探》《龙之江——最后的部落》等多部关于鄂伦春族民俗的影视作品，扩大了新生村在国内外的知名度，新生村被认定为国家AAA级民俗旅游景区。

鄂伦春族风情

旅游项目

民族风情游 鄂伦春族风情游独具魅力，热情、豪爽、淳朴的鄂伦春族人用“赞达仁”（山歌）和“阿拉嘿”（舞蹈）欢迎游客。游人来到新生村了解、研究鄂伦春族的风俗、民情，首先要到岭上人博物馆听讲解员的解说。博物馆里集中展示了鄂伦春族人生活、生产的各种文物，有“斜仁柱”，有各种绣花的皮衣、皮裤、皮靴、皮袜、皮被、皮褥、皮帽、皮手套等和做工精细的桦皮盒、桦皮篓、神盒、桦皮船，以及猎刀、猎枪、枪架和神像。新生村的民俗文化包括民族节日、民族艺术、手工艺、风土人情、语言、宗教等。具体形式有氏族聚会、萨满在春季的祭神仪式和一年一度的春节、正月十六日相互抹黑脸游戏等。民族艺术保留有模仿类舞蹈、娱乐性舞蹈、庆祝性舞蹈、宗教仪式舞蹈等；手工艺有雕刻、桦皮镶嵌等。鄂伦春族风土人情较为独特，在饮食、服饰、建筑、婚丧嫁娶、生活禁忌等方面都有体现。鄂伦春人崇拜火神，每逢年节或吉日，家家户户都要在自家门前燃起篝火，祈祷火神保佑平安。在定居纪念日和古伦木沓节等重要庆典日上，还要举行体育和娱乐等活动，如唱歌、跳舞、摔跤、拉杠、射箭、射击、赛马，还有荡秋千、扔石块、掰手腕等传统体育活动和传统游戏。

鄂伦春族古伦木沓节

鄂伦春族婚俗

冬季游

鄂伦春族狩猎

初步了解这些民族风俗之后，穿上民族服装再和鄂伦春族朋友一起走进原始部落景区，把在展览馆见到的文物立体化、生活化。届时，鄂伦春族的民族风情场景将再现游人眼前。

实物射击游 新生村鄂伦春族猎民，在狩猎生产劳动之余或在本民族节庆之日，喜欢举行射击比赛。新中国成立后，猎民的射击比赛被作为体育项目保留下来。20 世纪 50 年代末 60 年代初，黑河行署把射击运动列为新生公社国防体育运动项目。在省、地级射击比赛中，新生乡鄂伦春族运动员屡获佳绩。20 世纪 90 年代后，为开发鄂伦春族民俗旅游资源，新生村把射击项目正式列为旅游活动之一。1998 年，新生村在刺尔滨河大桥南 200 米处，建设了标准射击靶场。射击场东西走向，长 100 米、宽 10 米。东面为射击台，西侧设靶台，射击使用“五六”式半自动步枪。射击分为固定靶射击和实物靶射击两种。其中实物射击所需实物可以根据

鄂伦春族猎手

狩猎体验

游人要求而定，可选择固定实物（玻璃瓶子类）或活动实物（家养小动物）。射击方式可选择卧式、立式、蹲式或用枪架的依托式。

特色饮食游 鄂伦春族在长期“风餐露宿、居无定址”的游猎生活中，逐渐形成了独具民族特色的饮食结构和饮食习俗。了解鄂伦春族饮食习俗，品尝传统风味饮食，研究鄂伦春族饮食文化，可以到新生村品尝民族特色饮食。20 世纪末国家实施禁猎以前，鄂伦春人经常食用的兽肉有狍子肉、野猪肉、兔子肉、鹿肉、犴肉、熊肉等，其中狍子肉最多。实行禁猎政策后，允许每个鄂伦春族猎民在狩猎期间只能猎取 70 只野猪，其他动物都在禁猎范围。传统肉类食品的食用方法有煮肉（扒肉）、烧肉、烤肉、晒熟肉干（或生肉干）、熬菜（肉块与野菜放一起炖）和生吃等十多种。特色食品有肉粥、油面片（面片拌野生动物油）、手工烧饼、烤饼（和好面用手做成圆饼形状在火上烧烤）等。经常食用的野菜主要有老山芹、柳蒿芽、黄花菜、山菠菜、鸡爪菜、狍耳菜、野山葱、蘑菇、木耳等。新生村的饭店以野生动物肉和各种野菜为原料，为游客烹制出美味可口的菜肴，共30多种，还有自制的刺玫果花茶、叶子茶和小黄芪茶。这些自产茶，都是良好的保健品。

民族特色游为新生村的旅游业增强了活力。2014年，新生村接待国内外游客2万余人次，实现旅游收入80余万元。2016年，新生乡坚持政府主导、因地制宜、多元投入的原则，将美丽乡村建设与打造“北方游猎第一乡”旅游产业项目建设有机结合，以美丽乡村建设加快旅游基础设施建设步伐，在新生村建成“瑟尔魄乌力楞”原始部落体验区和刺尔滨河谷观光区。中央电视台和省级以上电视媒体到新生村拍摄播出《东亚生态大勘探》《龙之江——最后的部落》等60余部作品，国家级、省级以上报刊和网络登载关于新生村的报道500余篇，全国人大、全国政协考察团，俄罗斯等13国大使和200多个社会团体到新生村考察交流。

景区　景点

石头人景区　距离新生村10千米，因景区内有一座巨石似人形而得名。景区山峰陡峭，流水潺潺，具有北国天然雄伟之美。它依山傍水，刺尔滨河从这里流过，夏季可顺河漂流，冬季可赶马爬犁。石头人景区以“乌力楞”为单位，建设民族部落，以“塔路”“铁克沙”“迈罕”“雅塔安嘎”4种“斜仁柱”为主要形式。“塔路”是用没有加工

刺尔滨河漂流

过的桦皮苫盖在“斜仁柱”骨架上，然后用绳索捆牢。“铁克沙”是将桦皮加工成很薄的一层，在锅里蒸煮晾干后缝合起来，覆盖在“斜仁柱”的骨架上。较之“塔路”，用“铁克沙”覆盖的“斜仁柱”内光线好，缺点是怕冰雹。“迈罕”是用三幅白布接成长方形的布篷，搭在两根竖起的木杆和一根横着的木杆上，然后四角插上细木杆，将布篷上的绳套套在杆上，“迈罕”就搭成了。“迈罕”是出猎时的临时住所。“雅塔安嘎”又叫“恩克那力新哈汉”，与“斜仁柱”形状一样，是妇女分娩用的产房。

大石砬子景区 位于刺尔滨河大桥南侧，在新生村西南方向 1.5 千米的刺尔滨河与索尔奇干河的交汇处。因景区陡峭的山群中有一块裸露的巨石而得名。景区四周山峦起伏，蓊郁葱翠。在山顶上的针叶、阔叶混交林中，樟松枝干弯曲形态各异，落叶松笔直矫健而挺拔。沿山坡由上至下，时而是一排排白桦林，时而是一排排寒温带落叶松，这些沿山坡而生的树林白绿相间，圆叶与尖叶相伴，高低错落犹如一幅天然的风景画。刺尔滨河与索尔奇干河汇合后从山底潺潺流过，夕阳斜照山底，石壁金黄闪亮，与河岸边片片树林一起倒映在如镜的水面上，美不胜收。

河东景区 位于索尔奇干河新生村段东侧，形似一座岛屿，风景优美，是鄂伦春族节庆日集会、篝火的场所，被人们称之为河东景区，也有人叫“湖心岛景区”。河东山下是一片开阔地，花木丛生、鸟语花香。1985 年，为保护村庄，为提升景区档次，使自然景观与人文景观融为一体，美化河滩与河岸，在河西侧修建了护岸护坡工程，工程由干砌石护岸和水泥路、混凝土步道、30 余笺铁柱玉兰形花灯组成。玉带般的索尔奇干河从村边流过，水清见底，哗哗作响，使河东与河西景观相映生辉，犹如在索尔奇干河这条如银似锦的玉带上，又镶嵌了一排五彩斑斓的明珠，增添了河东景区的神韵。

冬季观景台

博奥韧广场冬景

凉亭

博奥韧广场夏景

地窨

吊桥

鄂伦春族原始部落体验区

原始部落景区 位于新生村博奥韧广场西侧，刺尔滨河之滨。该景点对外开放 5 个功能区：游猎生活区、民间文艺区、宗教信仰区、祭祀山神区、传统狩猎区，全景展示鄂伦春族下山定居前的游猎生活、狩猎文化和原始自然的森林景观，让游客亲历游猎时代，感受历史的轮回，体验别样的鄂伦春族风情。在原始部落景区，还展示原始部落氏族居住的“斜仁柱”群。“斜仁柱”建在新生村猎民们的母亲河刺尔滨河河边，新生村猎民的先辈，狩猎归来，在此打水做饭，然后住进“斜仁柱”里休息。如今的刺尔滨河之上建起了吊桥，越过吊桥，通过栈道可以登

栈道

上山顶。栈道盘山搭建，曲曲弯弯，堪比“山路十八弯”。栈道时而平缓，时而陡峭，登上陡峭的栈道，有攀登华山台阶之感。登上山峰高处回首向山下望去，沿河的峡谷两旁落叶松林笔挺耸立，这时游人便进入了刺尔滨河谷观光区，即进入了鄂伦春族风情诗中所描述的“山南山北绿葱葱，家住凌霄第一峰，十五女儿能试马，柳荫深处打飞龙”的地方，犹如英姿飒爽的鄂伦春族姑娘屹立在眼前。

瑟尔魄乌力楞

岭上人博物馆

岭上人博物馆 1983年，100平方米砖瓦结构的岭上人博物馆建成。后来，先后两次对博物馆进行了扩建与维修。到2013年，岭上人博物馆占地面积达到550平方米，其中展厅面积增至340平方米。厅内有反映鄂伦春族狩猎、生活文物藏品共135件(套)，鄂伦春族下山定居前后生活照片，国家、省、市、县领导考察的照片，还有新生村各族人民大团结等照片，共计500余幅。岭上人博物馆全年开放时间为4380小时。

岭上人博物馆的建立，不仅积极地保护、传承和挖掘了鄂伦春族珍贵的文化遗产，而且为更好地发展原生态旅游、壮大民族乡域经济奠定了坚实的基础。同时，馆中展示的鄂伦春人民抗日的奋斗历程，对开展爱国主义教育活动、增强民族团结、振奋民族精神、激发广大人民群众和青少年的爱国热情具有十分重要的意义。2011年，岭上人博物馆被评为国家级民族团结进步教育基地。2013年，改扩建后的岭上人博物馆被黑龙江省博物馆列为分馆。2014年，岭上人博物馆获得省级爱国主义教育基地称号。2015年，对岭上人博物馆外墙进行保温和粉刷，安装铜门增加供暖设施，实现冬季正常开馆。

岭上人博物馆馆内场景（改造前）

岭上人博物馆馆内场景（改造后）

◉ 旅游商品

鄂伦春族的手工艺品已经被列入国家级非物质文化遗产保护名录，如桦皮制品、狍皮制品等，深受游客喜爱。

皮制品 鄂伦春族的皮制品以狍皮最多。主要有皮袍、皮袄、皮裤、皮套裤、皮靴、皮袜、套头皮帽、皮手套、皮围裙、皮坎肩、皮被褥等，其制作方法和选料也不同。冬季穿的皮袍，鄂伦春语叫“苏恩”，是用在冬季猎获的狍皮制作的，此季节狍皮

鄂伦春族刺绣

狍皮被

绣花背包

狍皮包

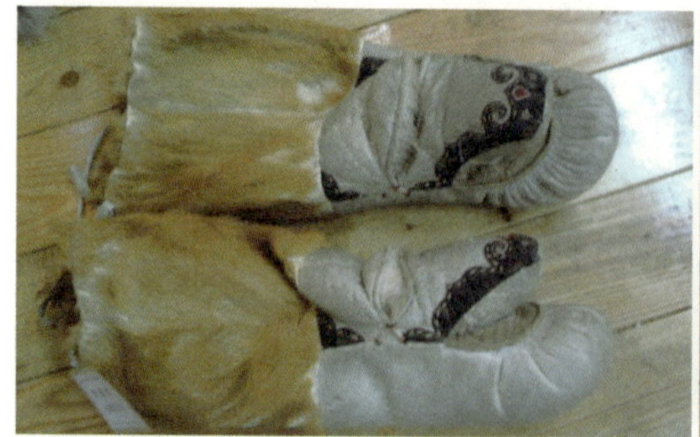

狩猎用的狍皮手闷子

狍皮靴

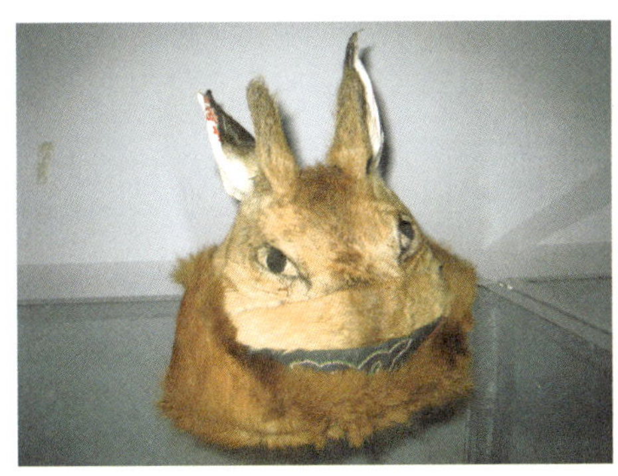

狍头帽

狍皮套裤（正面）

毛长皮厚，穿着特别保暖。夏季的衣服是用皮薄、毛短的红杠子皮制作的，鄂伦春语叫“古拉米”，也有用刮掉毛的狍皮制作。春秋穿的衣服是用秋季短狍皮制作的，鄂伦春语叫“卡热莫纳”。皮裤，鄂伦春语叫“额热克依”，多用三张狍皮在秋冬季制成，裤长只到膝盖下，下半截穿皮套裤。套裤无裤腰和裤裆，只有两条马蹄形裤腿，用皮绳拴在裤带上。男人狩猎、女人砍柴时都习惯穿上它，既保暖，又可以保护里面的裤子，行动起来也很灵便，但男女有别，随着时代的变化，长短略有变化。狍头帽，即狍头皮帽子，鄂伦春语叫“灭塔哈”，是用完整的狍头皮缝制而成的，而且连狍耳、眼、鼻都要保留下来，有的甚至将两个角也留下来。戴上这种帽子，既保暖又别致，是男人们最喜欢的，也是鄂伦春族服饰中有别于其他少数民族的具有代表性的装束。戴上这种帽子，在狩猎时可以起到伪装和蒙蔽野兽的作用。另外，鄂伦春人穿的用狍皮做的鞋叫“奇哈

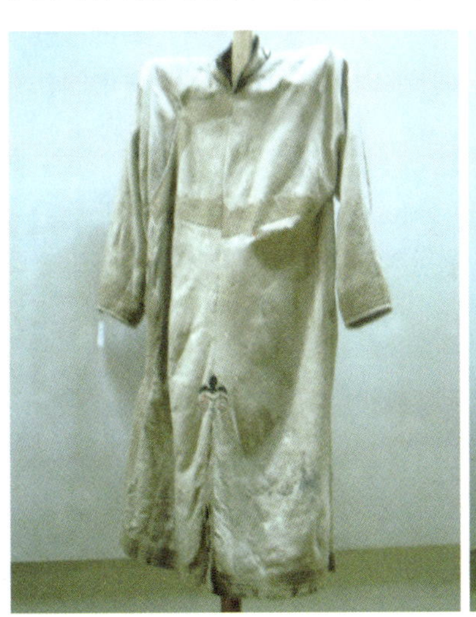

男式狍皮衣

女式狍皮衣

女式狍皮绣花手套

狍皮口袋

密”，穿上狍皮制作的袜子叫“道克吐恩”，戴的狍皮手套叫“考胡路”，用狍皮做的被褥叫“纳纳乌拉”，狍腿皮褥子叫“喔沙舍克吐恩”。也有用鹿皮、羊皮等制作冬季长袍、裤子、套裤、靴子、帽子、手套、袜子等。鄂伦春族兽皮制作技艺传承人孟兰杰、葛长云，开发兽皮坐垫、手套、狍头帽等多项兽皮制作产品，受到国内外游客的青睐。

桦皮制品 桦皮制品作为旅游商品的主要有桦皮盆、桦皮碗、桦皮水桶、桦皮篓、桦皮箱、桦皮盒等。新生村瑟尔魄乌娜吉桦树皮工艺厂，能够制作桦皮手工艺品120余种。

木制品 鄂伦春人制作的木制品主要有各种工具的把、柄，如刀把、斧把、镐把、鱼叉柄以及锅吊子、枪架、鹿哨、纺槌车、滑雪板、马鞍、木碗等。木料根据不同的制品挑选，如制作刀把、马鞍及器皿等，要选用木节子或桦木的杈等部位，用这些木料加工出来的成品不仅结实，而且有很漂亮的花纹；制作鹿哨、锅吊子等用具，要选椴木或水冬瓜等软质木料，主要是刻制容易，且木质轻；制作弓、滑雪板及桦皮船的骨架，则需要用木质硬且有弹性的落叶松、暴马子、榆树等木料。

桦皮手工艺厂室内

桦皮手工制品

骨制品 鄂伦春人加工的骨制品有骨筷、骨勺、骨扳指、骨针、骨箭、骨项链、骨戒指、骨制帽饰、胛骨占卜器、摇车骨板饰片和骨坠子、骨刀柄等。挂在摇篮上的骨坠子，摇篮一摇动便会发出清脆有节奏的拍打声，以催促孩子入睡，这些骨坠子是用狍子、鹿、野猪等的趾骨制作成的。其他骨制品一般是用鹿的大腿骨加工而成的，不仅耐用，而且白净、美观。骨筷子是用狍子、犴或鹿小腿骨制成的。现在许多鄂伦春族人仍然喜欢用骨加工的筷子，或自己携带使用，或作为礼物赠送给尊贵的客人和朋友。猎刀和骨筷子是鄂伦春族猎人的重要标志之一。

其他制品 其他制品主要有制扎皮棒、木制鞣皮刀具、木勺、小木桌、弓、箭杆、枪架、鹿哨、滑雪板、猎刀鞘、烟锅、木轮小车、木制摇绳器、扎枪、鱼叉、苇帘、鬃毛编织、草编、柳编等。

新生村游客接待中心

艺文杂记

新生村世代流传的文学艺术作品，虽然没有历史记载可寻，却是口传心授代代相承的。对于只有语言没有文字的民族来说，这些民歌、神话、传说、故事便是该民族历史世代传承的载体，也只有通过这些神话、传说、故事，才能了解、发掘古代鄂伦春族的社会面貌。而鄂伦春族风情诗，更是把鄂伦春族的民俗发挥得淋漓尽致。1920 年版的《瑷珲县志》，是中国最早收录、出版鄂伦春族题材诗歌的志书。鄂伦春族的谚语，是鄂伦春族人在生产、生活中创造的，是鄂伦春族人聪明智慧的结晶。

民歌

传统民歌 鄂伦春族传统民歌内容极为广泛，音乐独具风格。曲调的音阶以五声为主，间或出现六声和七声；调式以羽调为主，空调式、微调式次之；拍节多为 3/8 拍或 6/8 拍，也有 2/4 拍或 3/4 拍。结构一般都是单乐段形式的分节歌，但也有用一个乐句构成的。有的曲调辽阔、高亢，节奏自由，并用很多延长音或装饰音，优美而抒情。也有些节奏整齐且鲜明。

鄂伦春族民歌的内容很广，有对家乡自然景色的赞颂，有对劳动生活的赞美，有对甜蜜爱情的吐露，也有对现实不满的揭露和抨击。根据鄂伦春族民歌内容可划分为劳动歌、仪式歌、情歌、赞歌、摇篮曲、叙事歌。劳动歌反映以狩猎为主的各种劳动生活，仪式歌是伴同仪式演唱的歌曲，情歌是鄂伦春族民歌中数量最大、艺术成就最高的部分，赞歌的对象是勇敢的英雄、技艺高超的猎手和大好河山、美丽的家乡等。流传在新生村的传统民歌有《鄂伦春人》《打围去》《求婚》《拉手跳舞者》《白桦树》《萨满调》《新婚夜》等。

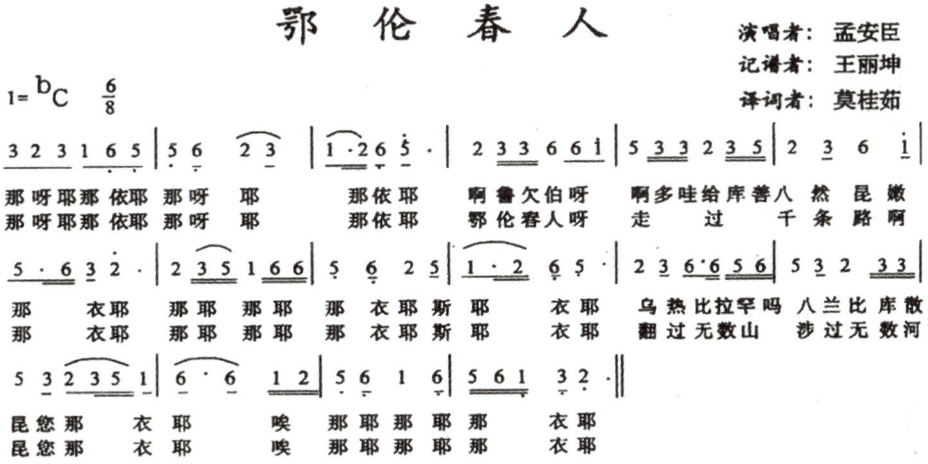

鄂伦春人

演唱者：孟安臣
记谱者：王丽坤
译词者：莫桂茹

1=bC 6/8

3 2 3 1 6 5 | 5 6 2 3 | 1·2 6 5 · | 2 3 3 6 6 1 | 5 3 3 2 3 5 | 2 3 6 1 |
那呀耶那 依耶 那呀 耶 那依耶 啊鲁欠伯呀 啊多哇给库善八 然 昆 嫩
那呀耶那 依耶 那呀 耶 那依耶 鄂伦春人呀 走 过 千 条 路 啊

5 · 6 3 2 · | 2 3 5 1 6 6 | 5 6 2 5 | 1 · 2 6 5 · | 2 3 6·6 5 6 | 5 3 2 3 3 |
那 衣耶 那耶 那耶 那 衣耶斯 耶 衣耶 乌热比拉罕吗 八兰比 库散
那 衣耶 那耶 那耶 那 衣耶斯 耶 衣耶 翻过无数山 涉过无数河

5 3 2 3 5 1 | 6 · 6 1 2 | 5 6 1 6 | 5 6 1 3 2 · ‖
昆您那 衣 耶 唉 那耶那耶那 衣耶
昆您那 衣 耶 唉 那耶那耶那 衣耶

新民歌 1953 年 9 月，鄂伦春族下山定居新生村后，生活发生了翻天覆地的变化。为了反映这种新变化，居住在新生村的鄂伦春族人创作了许多新民歌，并以饱满的政治热情歌颂中国共产党和毛泽东，歌颂在党的领导下的新生活，如《毛主席恩情记心窝》。有表现鄂伦春族定居后的喜悦心情，如《我们有了新村庄》。改革开放使新生村发生深刻变化，在欢庆下山定居40周年时，鄂伦春族人写下了《家乡山水无限好》。另有《护林歌》《保卫着祖国的森林》等新民歌，反映了鄂伦春族护林员爱家乡和保卫祖国森林资源的信心、决心和自豪感。

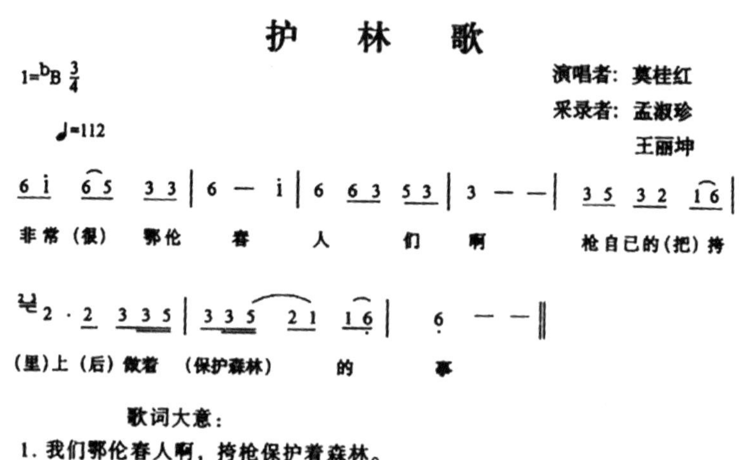

歌词大意：

1. 我们鄂伦春人啊，挎枪保护着森林。
2. 骑上骏马呀，登上高高的山峰。
3. 守护着国家的森林啊，那耶那西耶。

保卫着祖国的森林

作者
演唱者：吴云花

3/8 中速、抒情

|6 i2| 6 53| 6 1| 2 32| 3 6| 3 61| 23217| 6 ·|

|6 16| 2 32| 3 56| 3 ·| 3 6| 3 61| 23217| 6 ·‖

歌词大意：

我的家乡，在遥远的地方，名字叫刺尔滨河，那伊耶。有一个青年，骑上猎马挎着枪，保卫着祖国的森林，那伊耶。

高高的山上，大森林的里边，刺尔滨河水哗哗地响，那依耶。

心里想着特别高兴，因为有共产党毛主席的好领导，那依耶。

美好幸福的生活在后头，我们要保卫好森林，那依耶。

“摩苏昆”

塔头甸子的传说

秋天来了，满山的野果都熟透了，紫红的蓝莓，鲜红的山丁子，沉甸甸的臭李子，满山都飘散着野果的香味。山下是一片肥美的水草，就是没有塔头。那如今的塔头甸子是怎么有的呢？你听听这个故事就明白了。

从前，每年秋天一到，妇女们都结伴上山采野果子。温都罕姐妹俩也去很远的河套晒臭李子干。

她们搭了个小撮罗子，拢起火堆，支起装满清水的吊锅子，就去林中采臭李子。姐妹俩一边唱，一边采，不一会儿就采满了所有的“空给”（桦皮篓）。在回撮罗子的路上，她们看见在撮罗子旁边的一棵臭李子树上挂着一个小摇车，摇车里睡着一个白胖胖的小男孩。姐妹俩见他怪可怜的，就把他抱回撮罗子里。喂他香喷喷的臭李子粥吃。这个可爱的孩子，吃饱就睡了。姐妹俩又去林中采臭李子。

傍晚，姐妹俩回到小撮罗子，发现她们晒在草帘子上的臭李子一个都没有了。一连几天，温都罕姐妹俩采的臭李子一粒也没剩下，姐妹俩很纳闷。

这一天，姐妹俩假装还去林中采臭李子，可走到半道就悄悄地返回撮罗子，躲在一棵大树后面。突然，她们看到一个小男孩光着身子从摇车里跳出来，他双脚站在草地上使劲地蹦啊、跳啊，口里还喃喃地念叨：

快快还我原形，
快快还我原貌。

眼瞅着这个光着身子的孩子一眨眼长到一丈多高，浑身长毛。他拿起草帘子，把姑娘们晒的臭李子全倒在大嘴里，津津有味地大嚼起来。吃完臭李子，它又原地蹦啊、跳啊，口里念道：

快快让我睡摇车，
快快让我睡摇车。

不一会儿，他又变成白胖可爱的小男孩，睡到摇车里了。这一切，都被躲在树后的温都罕姐妹俩看得一清二楚。姐妹俩吓得连大气都不敢出。她们明白，这孩子是魔鬼满盖变的。几天来，辛辛苦苦采的臭李子全让满盖给吃了。

眼看着天已晌午，妹妹说什么也不敢回撮罗子。姐姐对妹妹说："不回去怎么办？咱们得装作没事人一样，回撮罗子里还要争着抢着抱那个摇车里的孩子。然后，假装失手，乘机把他扔进水锅里烫死。"

姐妹俩商量好，中午照常回撮罗子，煮好了臭李子粥，姐妹俩争着抢着抱孩子，给他喂臭李子粥。喂着喂着姐姐顺手把孩子扔进滚开的吊锅子里，姐妹俩扭头就跑。不一会儿，就听见满盖的喊声："卡图罕、卡图罕，看你们往哪儿跑！"姐姐回头一看，只见满盖头上顶着吊锅子，正飞快地追赶她们。姐妹俩拼命地跑哇、跑哇，突然，眼前一条大河拦住去路，姐妹俩急得在岸边来回跑。一抬头，姐姐看到河对岸有一只绰叉嘿（一种大鱼鹰）站在没膝深的水里用嘴叨小鱼。姐姐急中生智。便唱道：

绰叉嘿呀好大妈，
你的心肠赛菩萨。
伸过长腿搭个桥，
救我姐妹过河吧。

绰叉嘿唱：

过河的姑娘莫着急，
请你耐心等一等。
我先捉条小细鳞，
留给孩子做午餐。

姐姐着急了，又唱道：

绰叉嘿呀好大妈，
你的心肠最善良。
快快伸过长腿搭个桥，
救救我姐妹过河吧。

绰叉嘿又不慌不忙地唱道：

可怜的姑娘莫着慌，
请你们耐心等一等。
我再捉条小金线，
留给孩子做晚餐。

眼看着满盖再过一个山梁子就要追上了。姐妹俩急得快哭出声了，绰叉嘿这才慢腾腾地把长腿伸过河，搭成一个结实实的独木桥。姐妹俩急急忙忙渡过河，不顾绰叉嘿大妈的热情挽留，只喝了几口鲜鱼汤，就赶紧走了。

不一会儿，满盖追到河边，他对绰叉嘿唱道：

绰叉嘿呀好大妈，
伸过长腿搭个桥。
过河去捉两个人，
填饱肚肠我感激你。

绰叉嘿唱道：

满盖大王不要急，
请你耐心等一等。
宝宝醒了在哭闹，
我给宝宝喂口奶。

满盖唱道：

绰叉嘿呀好大妈，
快伸长腿搭个桥。
不然我可不客气，
过河先吃你全家。

绰叉嘿又唱道：

满盖大王莫着急，
请你耐心等一等。
我摇摇车悠悠悠，
哄睡宝宝再搭桥。

绰叉嘿大妈磨磨蹭蹭，好不容易才慢腾腾地把长腿伸过河，搭了一个摇摇晃晃的独木桥。满盖迫不及待地上了桥，绰叉嘿眼瞅着满盖走到河中心了，她“刷”的一声就把长腿抽了回来，满盖“扑通”一声掉进了波涛滚滚的河里。

满盖在河水里不断挣扎，斗大的脑袋在汹涌的波涛中时隐时现。绰叉嘿仍旧站在河滩上，看见满盖脑袋毛茸茸地耷拉在草沟里，听到宽阔的河面断断续续地传来满盖上气不接下气的声音：

绰叉嘿呀把我骗，

把我身子分几截。
大腿变成背阴坡，
胳膊变成朝阳坡。
留下躯体变座山，
斗大脑袋变塔头。

满盖淹死了，他的身躯变成了一座大山，斗大的脑袋变成了一片片塔头甸子。

（莫庆云讲述，莫桂茹整理）

神话

五兄弟姓名由来

很久以前，兴安岭上有一条大河。河岸两边住着许多人家，有开荒种地的，有上山采药的，有下河捕鱼的……

有一天夜里，突然天降瓢泼大雨，河水出槽了，转眼间，满草甸子全是无边无沿的大水。

这场突如其来的大水，淹死了许多人，只剩下一个大姑娘和一个男孩还活着。大姑娘抱着一根木头，男孩坐在一个大桦皮篓里，两个人漂呀漂，一直漂进大山沟里，才保住了性命。

姑娘领着男孩上山后，没吃没穿没住处。姑娘就把几棵小树绑在一起，找了不少沤烂了树心的大桦树皮，一张压一张地连在一起，搭了个撮罗子，住在里面，总算是能挡风避雨了。没穿的，就把树皮扎在腰上。每天，姑娘都领着男孩在山上拣蘑菇吃。一年秋天，雨水特别大，蘑菇也长得格外厚实，采多了，吃不完，姑娘就把剩下的蘑菇晒成干，留着冬天吃。寒来暑去，日久天长，男孩长成了小伙子，与姑娘成亲了。没几年时间，她就生下了 5 个儿子。

一晃，又是一二十年过去了，5 个儿子也长成了大小伙子。5 个小伙子一般高，脸盘一般大，鼻子、眼睛长得一模一样，连说话声音都一般粗细。一天，5 个小伙子缠住父亲，非让他给起个名字不可。父亲一想：老伴不在世了，和谁商量呢？还是自己拿主意吧。

父亲想了一宿，终于想出个好主意。他把 5 个儿子都招呼到一起，对他们说：“你们 5 个都是男子汉，要是起个花啦草啦的名字，我是不喜欢的。从今天起，你们 5 个分头去办一件好事，三天后回来见我。那时，我再给你们每个人起一个好名字。”5 个小伙子十分听话，一齐走开，都干自己的事去了。

三天后，5个小伙子又都一起来到父亲跟前。

老大拿出5张弓箭，放在父亲面前。父亲逐个拿起来仔细察看，只见这5张弓，一色用红木头做成，十分精巧。每张弓配3支箭，也都是用红木头做的，箭尾都缀着天鹅的羽毛，特别漂亮。父亲满意地点了点头，给他起了个名字“魏拉依嫩”，意思是红木头。从此，老大就姓魏了。

老二把肩上扛的一只狍子放在父亲面前。父亲拎起来一看，是一只又肥又大的公狍子，心里很高兴，就给老二起个名字叫“古兰”，意思是公狍子。从此，老二就姓关了。

老三拿出一顶帽子，双手捧着递给父亲。老人把这顶用狍头皮缝制成的帽子，翻过来掉过去地看了一遍，发现两只狍耳朵原模原样地支棱着，跟真狍头没有什么区别，戴在头上十分舒服，连声称赞说：“好，真好！”于是给老三起个名字叫“戈钦”，意思是真聪明，非常好。从此，老三就姓葛了。

老四把打来的狍子不慌不忙地放在地上，抽出猎刀“刷、刷、刷”把肉分成六块。先把狍头献给父亲，然后把割下来的四条腿分给4个兄弟，最后才把没有什么肉的狍腔子留给自己。父亲心里十分感动，忙着把狍头放在一边，拍拍老四的肩膀说：“你没私心，真公平啊！”就给老四起个名字叫“吴恰它堪”，意思是没私心，办事公平。从此，老四就姓吴了。

只剩下老五了。他把三天打来的猎物堆放在一起，有狍子、野猪、飞龙、香鼠等。没等父亲开口，4个哥哥齐声称赞：“莫日根，莫日根！”父亲也随声附和说：“好，就叫莫日根吧！”老五被公认是莫日根，意思是打猎能手。从此，老五就姓莫了。

5个小伙子都有了自己的姓名。父亲又和5个儿子乐呵呵地过了几年好日子，后来满意地闭上眼睛。这魏、关、葛、吴、莫五姓兄弟不忍心把老人的尸体丢在地上被野兽糟蹋祸害，就把老人装进棺材，放在高高的树杈上。

后来，这5个小伙子都各自成家立业。

（关吉瑞讲述，白水夫整理）

传说

狍子屁股为啥是白的

从前，有小哥俩出去打猎，一连好几天什么也没打着。饿得够呛，就坐在河边上休息。天快擦黑的时候，来了个老太太，头发刷白刷白，身板挺结实，就是牙都掉没了。老太太问小哥俩说：“你们两个干啥长出短气的呀？”小哥俩说：“怎么不愁呢？山这么多，河这么长，野兽又会没边没沿地跑。谁知道往哪边走能打着野兽，孩子老婆都得跟着挨饿。”老太太把手往西一指，说：“别愁，那不是有个野兽吗？”小哥俩顺着老太太手指的方向一看，果然有个黄毛野兽正瞧着他们。小哥俩赶忙起身，一起用箭射去，把野兽射死。小哥俩把野兽背回来，扒了皮，把脑袋放进吊锅子里面煮，把肉用刀子割成一条一条的，插在小木棍上，放在火里烤，不一会儿就烤好了。哥俩把烤好的肉条和煮熟的狍脑袋拿出来，恭恭敬敬地送给老太太。老太太说牙口不好，说什么也不吃。

老太太看小哥俩吃饱了，就让他们把哈拉巴骨递给她。老太太把这块骨头扔进火堆里，烧白了之后拿在手上，把小哥俩招呼到跟前，对他们说：“以后你们打围之前，就烧这样的骨头，这上面会告诉你们什么时候能打着野兽和能打着什么野兽了。”小哥俩一边听着，一边心里琢磨，这老太太的手怎么这样抗烫呢？刚想问，老太太抖抖袍子，一纵身，没影了，只见从地面到天上一道白光。小哥俩这才明白，原来老太太不是人，是“恩都力”（雷神）。

小哥俩照着恩都力说的话一试，还真灵，可就是有一件愁人的事，总找不到那样的哈拉巴骨。倒也有那样的骨头，但一烧不是冒黑烟，就是烧不透。

后来，这事又被恩都力知道了，她领着各种各样的野兽找到小哥俩，对他们说：“不是什么野兽都有哈拉巴骨，也不是什么野兽的哈拉巴骨都能烧，只有狍子的才行。”小哥俩也实诚，指着恩都力领来的野兽说：“你看看这么多的野兽，谁知道哪个是狍子呀？”恩都力说：“这好办呀！”她站起来，伸手摸了摸身旁的一棵白桦树，把手上沾的桦皮粉往狍屁股上抹了一把，狍子的屁股就变成白色的了。

从此以后，狍子的屁股上就总有那么一小块白色的毛，不管你离它有多远，只要看见影，就能认出来。

（莫庆云讲述，白水夫整理）

◉ 谚语

谚语是鄂伦春族民间口头文学的重要组成部分，是鄂伦春族人社会历史经验和生产生活经验的结晶，是对自然、社会长期观察的结果。新生村的鄂伦春族老人，多数都听父辈说过这些谚语，但他们能记住的只占一小部分。

狩猎类

雪前下夹子，雪后遛足印。

泡泡花结籽，鹿茸角成实。

不怕野兽滑，就怕猎人笨。

皮衣怕雨浇，猎场怕火烧。

不敢进深山，难成好猎手。

橡子满地转，黑熊凑上前。

橡子落满地，野猪凑上去。

西山出红云，碱场来鹿群。

树根敲得响，貉子忙躲藏。

山林一片黄，朝阳坡上枪声响。

月亮套项圈，出围别迟缓。

办事靠智慧，狩猎靠勇敢。

缺雨的草干巴，缺奶的驹单薄。

不进深山老林，打不到美味猎物。

大山穿上绿袍，打猎定要起早。

树叶绿在枝头上，狍子躲在背阴岗。

夏天寻踪看泥窝，冬天追踪看雪迹。

山坡橡子落满地，野猪膘肥有七指。

熟透都柿满枝挂，口渴黑熊伸出爪。

只要猎人用心学，不怕猎物打不着。

好汉一人打猎少，众人围猎收获多。

夏天狍子影子红红的，冬天狍子屁股白白的。

不打正在交配的野兽，烧火不烧炸蹦的木柴。

只有登上没人走的路，才能打到更多的野物。

黑夜蹲不起泡子的猎人，就打不着犴达罕。

熬不起长夜得不到鲜茸，吃不得苦头成不了硬汉。

不下深水捉不到哲罗鱼，不上高山打不到梅花鹿。

燕子窝是一口口垒起来的，狩猎经验是一点点攒起来的。

只要意志坚强就可以所向无敌，只要功夫熟练就可以百发百中。

气象类

蚂蚁迁窝，洪水必多。

老云接驾，不阴就下。

风三风三,一刮三天。

松鼠上树尖，准是大晴天。

天浮蘑菇云，暴雨即来临。

有雨山戴帽，无雨露山腰。

蜻蜓飞得低，没有好天气。

蚂蚁搬家天有雨，蚂蚁晒蛋天要晴。

燕子钻天蛇盘道，蚂蚁搬家有雨到。

东虹有云西虹雨，早晨下雨一天晴。

野鸭子下蛋近水边，一年雨少。

野鸭子下蛋在高坡，一年雨多。

其他类

懒惰懒惰，挨冻挨饿。

不怕事难，就怕人懒。

不怕不知，就怕不学。

熊懒会长癞，人懒会生疮。

人虽聪明，不学不知。

刀是钢的快，话是真的好。

潮湿共受，寒冷同当。

老人不说古，后人离了谱。

肉干虽然硬，越嚼味越浓。

春风能化水，良言能治病。

有麝自来香，不用大风扬。

骑马要端正，做事要公平。

星多天空亮，人多智慧高。

迷路看明星，无计问大众。

有肉大家吃，有皮均着穿。

狗养大了护主，狼养大了吃人。

树大枝叶繁茂，人多力量强大。

马好不在鞍鞯，人好不在衣衫。

鱼煮熟了好吃，艺学透了管用。

自己尊敬老人，儿女也会尊敬自己。

马陷前蹄可拔，人迷双眼可擦。

听过不如见过，见过不如干过。

大风往东劲吹，河水可不一定向东流。

男人不怕山高，女人不怕活细。

松明越烧越小，经验越积越多。

骏马人人爱骑，好女人人想娶。

大树虽倒根不烂，好汉虽死名久传。

猎马好坏骑骑看，朋友好坏处处看。

绳子绑不住舌头，笼子囚不住人心。

处朋友定要忠厚，爱朋友胜过生命。

猎家屋里三件宝，摇车吊锅乌拉草。

兽肉臭了招蚊蝇，人心坏了招狐朋。

狩猎才能得禽兽，勤劳才能有吃穿。

乌鸦唱歌不能听，奸商摇铃不要问。

懒人得宝在梦里，好汉得宝在手中。

皮鼓敲久了会打漏，大话说多了会出丑。

离群的鹿儿欢乐少，孤独的猎户难处多。

木柴填不饱篝火堆，河水流不满大海洋。

懒一辈子死不动，死了只能臭块地。

绊腿的猎马走不远，愚蠢的猎人眼光浅。

擦净枪膛，出弹顺当。扫净灰尘，心头敞亮。

休在人前夸耀自己，莫在人后议论是非。

蛤蟆会被泥塘陷住，聪明人也会犯错误。

青草只是一夏之盛，苍松可是四季常青。

跟什么人学什么人，跟着萨满学跳神。

一个人的智慧有限，两个人的智慧无限。

一个人不敢过小河，三个人能渡江河。

贪吃的马须戴嚼子，黑心的人该挨鞭子。

篝火能把严寒驱散，齐心能把困难赶跑。

一根马尾打不成绳，一根杆子搭不成斜仁柱。

马不喝水不能强按头，人不中意不能强拉手。

四只蹄子踩不倒青草，四十只蹄子能压出茅道。

一个猎人打不着活鹿，四十个猎人能围住鹿群。

骑快马觉不出路远，朋友多觉不出困难。

不进深山难得猎物，不学他人不能获益。

山好不在于高而在于景，人美不在于貌而在于心。

放马要选丰茂的青草地，交友要找情真的老实人。

山高不如男人的志气高，水深怎比女人的心情妙。

永不犯错误的人是奇人，永不改错误的人是蠢人。

勇敢的猎手可以从山头爬到云朵上，胆小鬼搭着梯子也爬不到帐篷顶。

鸟飞走的时候，不能忘记树枝。

人出名的时候，不能忘记恩师。

说得动听的不一定是好心人，笑得迷人的不一定是正经人。

吊锅子里的水越烧越少，好说大话的嘴越吹越亏。

风大吹不倒山上的青松，雾大蒙不住猎人的眼睛。

肥壮的猎马是侍候出来的，勇敢的猎手是锻炼出来的。

没有脊梁的蛇，长得再粗也挺不起身架。

没有耐性的人，教得再细也瞄不准箭靶。

鄂伦春族风情诗辑录

鄂伦春纪事诗三十二韵

李我

大漠无人迹，风犹太古遗。莽榛充旷野，篙艾掩长陂。猎火凌霄汉，荒烟蔽日曦。凄凉连北塞，黯洗极东陲。风卷尘沙起，霜凋草木悲。兽啼声断续，鸦阵影参差。岭积千秋雪，冰凝万丈嶷。边寒春信晚，路远雁来迟。鸟道行云认，山村冷月知。晓风吹画角，夜雨湿旌旗。地大人烟薄，天生种族奇。栖林除棘柳[①]，剪草结茅茨[②]。莫笑迁移陋，居然相度宜。语言多狡猾，浑噩类顽痴。特技惟骑猎[③]，神医类嬉戏[④]。杉棺完葬礼[⑤]，酒马定婚仪[⑥]。桦烛消长夜[⑦]，狍筋压绣丝[⑧]。宴宾烧鹿肉，祭祀荐牲牺。尸殓恒周岁[⑨]，儿生未嫁时[⑩]。鸠盘新妇髻，兽袋祖宗祠[⑪]。夜卧空山雪，时烧带叶枝。[⑫]问辰常望月[⑬]，鞫讯只答箠[⑭]。蓬鬓青巾罩[⑮]，芒鞋白纻縻。宿禽惊已坠，烈马醉余骑。三两成村落，纵横尽草蘼。壶存长夜酒，室断隔宵糜。井臼难为别，锄犁从未窥。负薪学烹饪，聚饮忘尊卑。俗壮羲皇上，人为肃慎支[⑯]。风情难尽载，本事未全亏。恨少如椽笔，空

① 其族居无庐舍，傍丛林，除棘柳而栖止，故亦名栖林。

② 其居处以拱杷之杨柳十数株攒圆形，外覆草茅，如瓜棚然。

③ 不耕种，以骑猎为生。

④ 其人有病不知医药，倩老巫戴五花冠，服八卦衣，前后护以大小铜镜，腰膝杂以铜铃，击单面鼓，娑婆佻达，癫狂作态，行动须人。其音似歌似泣，无律带腔，作栖林语，不辨云何。旋忽距跃踊，离地咫尺，群愕顾曰神至矣。名为跳神。

⑤ 葬礼最简，惟备酒肉，聚亲族，于山顶饮之，复殓其尸于棺葬，名曰纳骨尸。

⑥ 两姓结盟时，男家携猪酒至女家，邀亲朋故旧聚饮，复纳马匹以代禽仪，名曰吃察醣。

⑦ 燃桦树之皮以代灯火。

⑧ 缝纫以狍筋代丝缕。

⑨ 人死后，架于树上，恒迟至周岁，始买棺殓而葬之。

⑩ 吃察醣后，即许夫妇同羁，惟婿常住岳家，待完婚时，恒有有子女者。故余尝吟竹枝词以记其事云“察醣吃后两无猜，新婿新娘任往来。待得良辰来大礼，小儿小女绕妆台”是也。

⑪ 其俗刳木肖人形，以革盛之，事以祖宗之礼。

⑫ 数百里内恒无居人，行至中途，夜卧雪中，天寒，伐树烧以御之，名搭小宿。

⑬ 望月而知时日，虽月之大小建无讹也。

⑭ 官讯民事，有狡猾者，以拇指粗细之柳条笞其臀，名曰办条子。

⑮ 其俗，女子夏日以青红巾罩头。

⑯ 其族约亦满洲之苗裔也。

名纪事诗。聊存鸿爪意，藉以慰愁思。

以上有陋俗为人不知者，略加注解，以醒眉目耳。呈拙吟以博一笑，并祈琢如仁兄方家郢削。

鄂伦春竹枝词

边瑾

春回桦岭草如茵，联袂寻芳曲水滨。
载得狍干[①]兼狍脯，也曾席地宴佳宾。

初辟荒榛学种田，绿云隐隐雨如烟。
归来饱饭黄昏后，醉卧桦阴枕石眠。

山南山北绿重重，家住凌霄第一峰。
十五女儿能试马，柳阴深处打飞龙。

不施粉黛不梳妆，闲采山花插鬓旁。
镇日无言压狍线，为谁人做革衣裳？

慵梳两鬓俨飞蓬，尺幅青巾着意笼[②]。
野水荒湾争饮马，风回环佩杂丁东。

九月狐皮十月狼[③]，御寒毛革两相将。
无端风起尘沙黯，猎马匆匆急整装。

风息平原猎马归，栖林结舍对斜晖。
提壶劝酒频相让，新得狍儿肉正肥。

① 以狍肉曝干曰狍干，可充酒菜。
② 栖林妇女均以青巾缠首。
③ 栖林谚语：九月狐皮十月狼。盖以其时皮毛正丰满也。

检点狍裘好御冬，营巢小住最高峰。
吁吁䍐䍐浑无识，特技偏能认马踪[①]。

鄂伦春纪事诗五十韵

边瑾

放眼栖林界[②]，风情异故乡。俗犹遗太古，人尚溯羲皇。[③] 御冷茅为屋[④]，充饥肉作粮[⑤]。顽痴犹羯貊，浑䍐类氐羌。[⑥] 逐鹿荒烟外，栖身积雪旁。咿呀声未辨[⑦]，谙达债难偿[⑧]。毳幕迎风雨，钩缨缀骕骦。据鞍惊矍铄[⑨]，披甲有精光[⑩]。族隶三城辖[⑪]，旗分八佐镶[⑫]。追风飞赤兔[⑬]，饮血觅黄羊[⑭]。病乏肱三折[⑮]，愁消酒一觞[⑯]。验踪知虎豹[⑰]，炙骨卜灾祥[⑱]。敬客先獐肉，延宾半酪浆。[⑲] 花攒新妇髻[⑳]，铃系老巫裳[㉑]。劝酒殷勤酌[㉒]，参官

① 栖林之马永不丢失，盖以其能逐踪寻觅也，《龙沙六种》谓系栖林特技。

② 鄂民无论寒暑，终年栖止林中，故名栖林，俗名栖林人。

③ 吁吁呿呿犹有上古之风。

④ 鄂民尚不知筑屋以居。每于冬日，构木为巢，外覆以草或以皮，以度严冬。

⑤ 以猎为生，饥则食肉。

⑥ 无识无知，与羯貊、羌氐无异。

⑦ 鄂语有音无字，初学汉语甚难辨解。

⑧ 谙达者，即俱给栖林饮食之人也。凡栖林日用所需之物无不仰谙达所供，林中围猎所得之皮张，无不为谙达所获。前谙达之视栖林也，如犬马，如奴隶，甚至转相售卖，故今之沿站各屯，每家犹养栖林以供役使。盖栖林一交谙达，虽典妻卖子终难偿。

⑨ 老年人亦善骑猎。

⑩ 战时兵卒均披铁甲，故其兵卒一名披甲。

⑪ 鄂伦春全部统归瑷珲、墨尔根、呼伦贝尔三城管辖。

⑫ 库玛尔路鄂伦春民凡四旗八佐，内有镶正分配。

⑬ 鄂伦春人善骑。

⑭ 每得黄羊即生饮其血，云能医喘。

⑮ 病不知医。

⑯ 性唯嗜酒。

⑰ 能辨野兽之踪。

⑱ 凡有疑惑之事，持狍骨就火炙以卜人之休咎。

⑲ 栖林款客除獐肉、酪浆而外余无他物。

⑳ 女子嫁时，以野花围簇髻旁。

㉑ 鄂民有疾不知医药，每延巫祝祷，名跳神。巫服上下系以铜铃，跳时作响。

㉒ 鄂俗凡有客至先敬以酒。

跪拜忙[①]。演枪声断续[②]，祭祖事荒唐[③]。冰雪婴儿孽[④]，蓬蒿孕妇床[⑤]。迎神先击鼓，送祟只焚香。[⑥]待字因占凤[⑦]，悬儿为避狼[⑧]。纳尸分燕翼[⑨]，睦族馈狍汤[⑩]。腰每悬霜刃，肩恒荷短枪。[⑪]请安婀屈膝[⑫]，学射辄穿杨[⑬]。休说移房妇[⑭]，争夸入赘郎[⑮]。柳眠新翡翠，花睡野鸳鸯。[⑯]老妪能驱鬼[⑰]，雏姬学弄璋[⑱]。漫歌胡妇曲[⑲]，且作道家装[⑳]。室有皮千束[㉑]，窗无纸半张[㉒]。夜烧桦烛短[㉓]，筋压绣丝长[㉔]。劝学真无术[㉕]，催耕或有方[㉖]。惭余

---

① 参见官长仍行跪拜礼，尚未脱前清习气。

② 每出猎时，先竖木以作标准，用枪击曰演枪。

③ 以木削为偶，或龟兔、虫鱼、龙蛇等类置桦皮匣内，悬于树上，凡有疾辄宰牲畜以祭之，名曰祭祖宗。

④ 小儿出生即用冰雪擦洗周身。

⑤ 孕妇将产时，每于野外或山中择避风处弄以火，旁积蓬蒿，俾孕妇卧于其上，以诞生小儿。

⑥ 凡有疾辄迎神送祟，击鼓焚香。

⑦ 鄂民同姓甚多，亦有同姓不婚之例。闻呼玛河一带栖林女子至老不嫁者，因同姓故。

⑧ 猎时，将小儿置摇车内悬于树上，以免为狼所食。

⑨ 人死先以桦皮包裹架于树上，越一二载始行取下，置诸槽内，埋于地下。彼时会葬，亲友分立两行，如燕翼然。

⑩ 猎罢归来，每持狍肉相赠，名曰赠汤。

⑪ 外出时腰必悬刀，肩必荷枪。

⑫ 仍行请安礼。

⑬ 人皆善射。

⑭ 兄死后，弟妻其嫂，曰移房。

⑮ 鄂俗招赘者多。

⑯ 柳边花下乃栖林野合之区。

⑰ 凡人有疾，以谓鬼祟缠身，辄使老妪鸣锣击鼓以驱之。

⑱ 鄂俗两姓联姻，未完花烛，即许以谐伉俪。迨于归日，儿女成行者有之，是先学养子而后嫁也。

⑲ 栖林女子，每于醉时歌曲，其声蔓而长，音带亦不甚了。

⑳ 妇女装束类尼。

㉑ 家无他物，惟有皮张。

㉒ 近年始知筑屋以居，惟至冬天不知以纸糊窗，逢人曰冷，其愚可知。

㉓ 夜无灯火，惟烧桦树之皮以当烛。

㉔ 缝纫无线，惟以狍筋代之。

㉕ 鄂伦春自民国四年设校，迄今风气仍未大开。

㉖ 初学开垦亦上宪督催之。

居讲席[①]，藉尔固边防。小丑奚能敌[②]，强俄莫敢当[③]。丰姿真洒脱，体质自坚强。游牧来东土，移居近北邙。乱山随地绕，猎火逐风狂。宝气凌霄合[④]，金精穴地藏[⑤]。兴安环峻岭[⑥]，火石接层岗[⑦]。茸角称梅鹿[⑧]，香脐重野獐[⑨]。兽蹄分隐约，山色郁青苍。衰草迷荒碛，悲笳起战场。朔云愁惨淡，边月苦微茫。节序殊乡国，风云变大荒。春残花始艳[⑩]，秋老麦初芒[⑪]。岭积千秋雪[⑫]，花飞六月霜[⑬]。江流分练白，沙气入云黄。野鹿眠秋草，山鸡叫夕阳。当窗山万叠，绕屋木千章。流水环新圃，炊烟渡晚塘。云山连墨尔[⑭]，烟树接蒙疆[⑮]。过客留鸿爪，还家趁雁行。他年重话旧，检点故诗囊。

---

① 余于五年秋蒙朱将军委任第一鄂校校长。

② 每与胡匪接战无不获胜。

③ 俄人亦深畏惧。

④ 凌霄峰在鄂校西北五六里许。

⑤ 鄂境金苗甚富，近亦有开采者。

⑥ 兴安岭在鄂校西约五六十里。

⑦ 火石山在鄂校东约五六十里。

⑧ 鹿有二种，曰梅花鹿，曰马鹿。梅鹿之角较马鹿为珍。

⑨ 野獐之脐入药，曰麝香。

⑩ 暮春初夏，花始含苞。

⑪ 七八月之间麦始抽芒。

⑫ 山岭积雪经年不消。

⑬ 鄂境往往六月陨霜。

⑭ 墨尔根地名，即今之嫩江县，在鄂校西五百里许。

⑮ 鄂校西北与蒙古接壤。

芳草铺满山，黄花引蝶来

名人与名村

无论是历史名人，还是当今时代英贤，为新生村鄂伦春族做出过贡献的人，新生村的后人不会忘怀。他们的事迹必将流芳百世，永远铭刻在鄂伦春族历史的丰碑上。

名人传略

关丽华（1900—1979） 清光绪二十六年（1900）出生在瑷珲县霍龙门区霍龙门村。光绪三十四年（1908），由父母包办和索伦部族人赵铣庭订婚，成了童养媳。不久，关丽华随赵家迁往铁力县桃山南河套一带从事游猎生活，在长期的游猎生活中练就一手好枪法。1926 年，丈夫病故。关丽华被嫩铁公司聘去当护勇（保安），不久又被经理丁理中聘为贴身保镖，两人于 1929 年结为伴侣。

1932 年 8 月间，抗日将领马占山率领抗日救国军进驻铁力，司令部就设在丁理中的嫩铁公司院内，关丽华同丈夫全力以赴支援马占山，为部队解决了大量给养。马占山的抗日行动对关丽华产生了很大的影响，使她走上了抗日救国的道路，并带动整个家族开始了抗日救国。

1933 年年初，关丽华顾不上怀着身孕体质虚弱，从海伦亲自护送处境危险的赵一曼到珠河赴任。同年，关丽华受满洲省委联络员于天放委托，帮助转送抗日将领杨靖宇到庆安（当时称庆城）。关丽华带领几个青壮年，持枪跨马沿途精心保卫。当杨靖宇在庆安巡视完毕后，她们又护送到巴彦县境内，直到与巴彦县地下党接上关系后，才与杨靖宇、于天放告别。当于天放陪同杨靖宇走到巴彦县姜才屯子时，受到自卫团的盘查，于天放说出一口流利的本地话，又能报出“家乡”住址，伪军对他没产生怀疑，于天放顺利通过敌人哨卡。然而杨靖宇说着一口浓重的南方口音，引起了伪军的怀疑，敌人问他住在附近哪个屯子时，他也回答不上来。于是伪军立即逮捕了杨靖宇，并进行严刑毒打。于天放见情况紧急，骑马去找关丽华求援。关丽华腰插两把匣枪和儿子赵国志带着 20 多人的马队直奔出事现场，从伪军手中成功救出杨靖宇。

1935 年 6 月，抗日联军第三军第二团政治部主任李兆麟等人被俘。关丽华马上组织鄂伦春族马队，成功营救出李兆麟。1935 年夏，抗日联军第五军军长兼东满抗日联军总司令周保中到方正县第五区大罗勒密沟里陈家亮子参加联军会议时迷了路，又是关丽华凭借熟悉山路，带着她的猎马一路追寻，找到了周保中。

同年 10 月，东北抗日同盟军第四军军长李延禄派关丽华回桃山做地下工作，并把联络站设在她家。联络站设立以后，为抗联部队提供了大量情报，救护了很多伤员。1936 年，第三军第一师政治部主任许亨植率西征先遣队到达铁力县境内，由于道路不熟悉，经常同敌人遭遇，既影响了行军速度，也造成了部队的伤亡。关丽华知道后，主动为抗联部队带路，只用一天时间，便赶上了张光迪的队伍。

1936 年 11 月，东北抗日联军第三军为开辟新的抗日游击区和根据地，军长赵尚志率领司令部、第五师一部和少年连从汤原西征到铁力、庆安一带。赵尚志率领司令部及500 多人的部队在铁力北部山区停留，粮食不足。第三军第一师政治部主任许亨植派关丽华把藏在山里的粮食找出来送到第三军司令部，赵尚志亲自迎接。赵尚志部下误杀了关丽华的猎马，赵尚志亲自上门道歉并赔了马款。赵尚志非常敬重关丽华的爱国情操和直爽性格，与她正式结拜为姐弟。

关丽华带领族人多次配合抗联部队执行任务，被日伪当局发现，并派出大批军警展开追查。1940 年夏天，关丽华率领鄂伦春赵姓亲族从桃山南河套秘密迁至庆安大罗镇东小烧锅屯。虽然迁到庆安，但她仍不忘为抗联部队做事。当年秋天，她又骑马回到铁力，偷偷打开日军马圈，放出一批战马送到抗联第三军留守队。

为抗日救国，关丽华先后失去五位亲人，包括儿子赵国志。这一连串的沉重打击没有使关丽华倒下，她忍住失去亲人的悲痛，仍然坚持抗日斗争直到最后胜利。1976 年，关丽华移居到新生村居住。1979 年 5 月 14 日，她长眠在新生村，享年 79 岁。

吴春和（1902—1969） 鄂伦春族，1902 年出生于库玛尔路正白旗二佐，15 岁到宏户图读书，曾任骁骑校，是解放前瑷珲县鄂伦春族头领之一。

1946 年年初，吴春和奉黑河专署命令，将瑷珲县鄂伦春族自发组建的护矿队改建成鄂伦春自卫队；10 月，被任命为自卫队队长。1951 年，党和人民政府为保证鄂伦春族群众的生活，在相对集中的部落组织了两个生产队，吴春和任二队指导员。1951 年 3 月，瑷珲县成立鄂伦春护林队，吴春和任第二小队长。1953 年 6 月，新生村民族区域自治筹委会成立，吴春和任副主任。1954 年春，筹委会改选，吴春和任生产委员。1955 年 12 月 1 日，民族区域自治筹委会改为民族乡筹备委员会，吴春和任主任。1958 年 4 月，新生鄂伦春族乡成立，吴春和任新生乡第一任乡长；9 月，又成立人民公社，乡社合一，吴春和改为社长。

吴春和在为党和人民工作后，工作积极，做了许多有益于人民的工作，特别是在护林防火和走“以农为主”道路上发挥了积极的作用。

“文化大革命”期间，吴春和被扣上“日本特务”帽子。因肉体和精神上受到摧残，于 1969 年秋季自杀。1981 年 6 月，平反昭雪，恢复名誉。

关春生（1924—1994） 鄂伦春族，中共党员，1924 年出生于哈尔通一个贫苦猎民之家，从小跟随父亲上山狩猎，16 岁就在七道沟当雇工。

1945 年黑河解放以后，为了同土匪做斗争，五道沟采金工人李清林找到关春生，商量把有枪的鄂伦春人组织起来，保护五道沟金矿。之后，关春生等人自发地组建了栖林护矿队。在一次剿匪战斗中，关春生一人抓住 3 名土匪，打死 1 名土匪。1946 年年初，栖林护矿队被人民政府接收，改为自卫队，关春生任通讯员。1949 年年初，人民政府将瑷珲县的鄂伦春族人组织起来搞生产，分成两个队，关春生任一队指导员。同年，关春生被评为省一等劳动模范，并被选为省政协委员。1951 年 3 月，瑷珲县成立鄂伦春护林队，关春生任指导员。1952 年 5 月，调黑河地区鄂伦春协领公署生产股。1953 年 7 月起，先后到黑河行政干校和呼兰工农干校学习。1959 年 3 月，关春生调任新生人民公社社长。在任期间，为了提高鄂伦春族群众生活水平，改变家乡面貌，在广泛征求群众意见的基础上，经上级批准，确立了新生公社“以农为主，以猎为辅，有计划发展畜牧业和副业”的生产方针。根据这一方针，关春生领导鄂伦春族人不断扩大耕地面积，组织猎民贯彻国家“护、养、猎并举”的狩猎原则，学习外地经验，开始抓野鹿、狍子、狐狸来饲养。虽然成活率不高，但改变了过去只打不养的狩猎方式。

1960 年，关春生带领鄂伦春族群众，在索尔奇干河上大力开展水利建设，用柳条子和砂石拦河蓄水，安上水轮机和发电机，搞起了小型水利发电。7 月 1 日，电站开闸放水，鄂伦春族群众第一次用上了电灯，第一次吃上了自己磨的面粉，这是鄂伦春族历史上的一大进步。

1960 年 9 月，关春生调任爱辉县民族事务委员会副主任，并被选为黑龙江省人大代表、省政协委员。1980 年，关春生被选为政协爱辉县首届委员会委员、常委，并被选为政协黑龙江省第五届和第六届委员会委员、常委。1983 年离休，1994 年病逝，享年 70 岁。

吴彩春（1930—1981） 女，中共党员、鄂伦春族，1930 年 1 月出生在瑷珲县一个贫苦猎民家庭。1955 年，新生村成立了常年互助组，吴彩春为副业组长，当年副业收入达 3589 元，仅次于男猎业组的收入。由于她工作成绩显著，1956 年又被选为妇女队队长。

1959 年 11 月，吴彩春加入了中国共产党，成为全国鄂伦春族第一名女共产党员。1960 年，她被黑龙江省评为全国“三八红旗手”，参加“五一”国际劳动节庆祝大会，受到毛泽东等党和国家领导人接见。1961 年，新生公社设计挖一条排水沟，但男人都出猎，家里只有孩子和妇女。吴彩春发动了 30 多名妇女和小孩，在山脚下挖了一条长达 500 米的排水沟，此后雨水不再危害村庄。

定居后，各家的家务事多了，妇女在冬围期很少有进山的。1962 年，冬围狩猎任务很重，吴彩春抱着不满两岁的孩子和猎人一起进山，在林海雪原中游猎了两个月。

1961—1973 年，吴彩春先后被选为爱辉县第五、六、七、八、九次妇女代表大会代表、执委。同时，还被选为黑河地区第二次和黑龙江省第五次妇女代表大会代表、委员、执委。1963—1979 年，被选为中共爱辉县第三、四、五、六届代表大会代表、县委委员。

1981 年 5 月 7 日，吴彩春病故于内蒙古鄂伦春自治旗阿里河镇女儿家，享年 51 岁。

刘本占（1934—2002） 汉族，1934 年 2 月出生在今黑河市爱辉区张地营子乡泡子沿村，中共党员。在他七八岁时，随继父举家搬到今新生村北部桦皮窑林场。亲人离世后，他和儿时的伙伴一起去淘金。他有幸被一位鄂伦春族部落首领收留，开始过上狩猎生活。

1953 年秋，刘本占定居新生村。因为精通汉语、鄂伦春语，为人正直而又骑猎技艺超群，被鄂伦春族群众选为带头人，先后当过民兵连连长、新生村第一生产队队长，他带领鄂伦春族人开荒种地发展农业生产。1957 年，刘本占被选为国家森林地质测绘队的一名向导，带领 10 余名猎民和 100 余匹马为测绘队引路指航。他带领测绘队员在山里待了 3 个多月，行程上千里，为国家森林调查做出了贡献，也为新生村增加了大笔收入。1959 年，刘本占加入了中国共产党。

1967 年，刘本占任新生公社革命委员会委员。从 1968 年开始，陆续有上海、黑河的 150 多名知识青年到新生村插队落户。刘本占带领知识青年建房舍开荒种地，解决吃住问题，建成青年之家，使新生公社的面貌焕然一新。1973 年，新生村邻近地区发生两次火灾，刘本占带领鄂伦春族骑兵队飞奔到火场，迅速将山火扑灭，保住了国家森林资源，受到了政府的表彰。1975 年 5 月，刘本占被任命为新生鄂伦春族公社党委书记。上任后，全公社社员存款达 1.8 万元，公共积累达百万余元，排在县内各公社的首位。1976 年，新生公社被黑河地委授予“红旗单位”。1982 年，刘本占被评为省护林防火先进工作者，多次被评为黑河地区、黑河市（县级）护林防火先进模范。由于他政绩突出，后来被调到县林业部门主抓护林防火工作，直到 1999 年退休。2002 年去世。

名人简介

吴福兴 生于1944年5月1日，鄂伦春族，新生村人。吴福兴通过自学，向鄂伦春族狩猎老人学习和向狩猎技能高手求教，学会并掌握了一整套狩猎技能，被当地群众称为“岭上神”“鄂伦春神”。

长期的游猎生活，使他积累了丰富的狩猎经验。他不但精骑善射，而且对各种野生动物的习性和活动规律了如指掌，能精准掌握各种狩猎方法。在狩猎过程中，他见到动物的踪迹后，就辨别出动物所走的方向、时间长短，甚至判断出动物的雌雄，准确地判断出动物所在方位，根据山形、风向去寻找，十有八九能猎到。他教育猎人要遵循规律，阻止非法捕杀动物。他带有10多个徒弟，教徒弟学狩猎要先学会做人，教他们如何保护、传承鄂伦春族狩猎文化，制止暴力、野蛮捕猎，保护大自然、保护野生动物，爱护鄂伦春族老人和孩子。20世纪70年代，吴福兴先后担任乡武装部部长、乡长等职务，仍带领猎民们进山狩猎，组织猎民护林防火马队，既保护了鄂伦春族的传统狩猎文化，又保护了森林和野生动物资源。

吴福兴热爱狩猎生活，潜心研究鄂伦春族狩猎文化，经常与内蒙古自治区鄂伦春自治旗阿里河的鄂伦春族同胞交流狩猎技能，共同传承狩猎文化，保护鄂伦春族非物质文化遗产。2010年，吴福兴被评定为黑龙江省狩猎技艺非物质文化遗产传承人。2013年7月，吴福兴被任命为黑河市鄂伦春族狩猎协会名誉会长。

葛长云 女，1947年出生于瑷珲县鄂伦春族游猎家庭。1953年，随家人定居在新生村。30岁时她开始学习兽皮制品的制作技艺，制作的狍头帽现在仍然是一些鄂伦春族猎人狩猎时的必用品；制作的皮被、套裤、背包等生活用品结实、耐用，被全国各展览馆收藏。2009年，在北京举办的中国非物质文化遗产传统技艺展览会上，展出了葛长云的14件作品。她从家乡带去了兽皮、鹿筋，现场制作“苏恩”（皮衣），吸引了众多参观者驻足观看，充分展示了鄂伦春族的文明和智慧。她为参会的时任中共中央政治局常委李长春和国务委员刘延东即兴演唱了一首鄂伦春族民歌，歌声感染了在场的所有人。在当年第二次展览时，她被授予个人贡献奖。2011年，她应邀参加了第三届中国成都“国际非物质文化遗产节”。2012年，香港卫视拍摄了专题片《非遗传人在中国——葛老太的春天》。2013年3月，中央电视台科教频道《探索与发现》栏目录制了《鄂伦春记忆印象》；同年 7 月，德国一家电视台拍摄了《兽皮传承人——葛长云》。葛长云是省级非物质文化遗产兽皮制作技艺传承人。

孟兰杰　女，1948 年 11 月生于瑷珲县鄂伦春族游猎家庭，自幼看母亲缝制兽皮制品并渐渐跟随其缝制，掌握了传统狍皮手工制作的技艺，能独立完成从剥皮到缝制衣裤成品的制作全过程。孟兰杰特别擅长缝制长袍、套裤及手套等实用性的生活用品，熟皮技艺精湛。剪皮花也是孟兰杰的绝活，在现存几位鄂伦春民族狍皮制作技艺的传承人中，她是唯一掌握此技艺的。她在兽皮制品上进行的剪皮、刺绣等装饰也非常典型精到，充分地体现出鄂伦春族的纹饰艺术特征。她将濒危的传统熟皮技艺、狍筋线的制作技艺及剪皮花的技艺都保存继承下来，对保护民族文化传统做出了贡献。孟兰杰制作的男式皮袄、背包等，被岭上人博物馆、瑷珲历史陈列馆收藏并展出；她缝制狍皮制品的图片于 2006 年在国家非物质文化遗产展览中心以显要位置展出。2008 年，她被评定为省级非物质文化遗产名录代表性传承人。2009 年，她被评定为第三批国家级非物质文化遗产名录代表性传承人。

大事纪略

本志所载大事历经几个时代，跨度百余年，承载了新生村鄂伦春族人以及他们先辈历经磨难和艰苦奋斗的历程。尤其是新中国成立后，在中国共产党的领导下，他们走出大山，告别原始生活，实现了一步跨入社会主义社会的华丽转身。进入新时代，他们怀着感恩的心情，紧跟时代的步伐，自强不息、克服困难，和兄弟民族一道，为建设家乡、保卫边疆做出了应有的贡献。

◉ 鄂伦春族护林马队

1951 年 3 月 17 日，在鄂伦春族相对集中的地方建立护林队（既是行政组织，又是防火组织），主要任务是巡逻、清山、防火。1953 年鄂伦春族下山定居后，新生村组建了由鄂伦春族青年民兵组成的护林马队。“文化大革命”期间，护林马队被解散。1983 年恢复，改成由 15 名新生村鄂伦春族猎民组成的骑兵护林队，负责防火责任区内的搜山检查。至 2016 年，新生村仍有鄂伦春族猎民 15 人组成护林马队，为护林防火做出贡献。

夏季护林马队巡山护林

秋季护林马队巡山护林

1953 年瑷珲县鄂伦春族下山定居新生村

新中国成立前，瑷珲县内的鄂伦春人有 14 个部落，他们长期过着游猎生活。1952 年 12 月 5 日，黑河协领公署给地委《关于实行鄂伦春民族区域自治实施办法》中指出："全区鄂族共计 272 户，未有住房的 129 户，占 47%。如果没有房子，就不能集中居住，就无法成立自治机关。"因此，1953 年春季开始为鄂伦春族群众盖房，其中瑷珲县政府投资 1.4 亿元，共建 34 座 63 间房子，每户 2 间。后来补盖办公室、干部宿舍、供销社、学校、卫生所，1953 年 9 月竣工。1953 年国庆节前夕，来自宏户图、哈尔通、九道沟、依溪罕、刺尔滨河口等 14 个鄂伦春族部落、41 户 157 人搬进了新生村。从此，新生村鄂伦春族人结束了"一人一马一杆枪"的游猎生活，从原始社会末期一步跨入社会主义社会。为此，新生村鄂伦春族人把 9 月 10 日定为定居纪念日。

新生村的社会主义改造

1953 年，新生村鄂伦春族实现定居。在狩猎生产的同时开始务农，但无种地经验。为了帮助鄂伦春族恢复生产，提高生活水平，党和政府在猎民自愿的基础上，帮助他们组建了 4 个临时互助组，发挥集体的智慧，提高生产力。1954 年，在临时互助组的基础上建立了 7 个常年互助组。1956 年 3 月 25 日，在常年互助组的基础上，成立新生村一心高级生产合作社。新生村共 45 户，有 39 户入社。为了照顾鄂伦春族人生产、生活习惯，对有 3 匹马的有马户每户允许其留 1 ～ 2 匹自留马为交通工具（个别多马户留 3 匹也被允许）；猎枪经登记后为国家所有，合作社保管，归个人使用。同时，确定公有化股份基金为 420 元，并以社员的马匹、农具等生产资料作价折款抵交股金，多退少补。还成立了管理委员会和监察委员会，通过了社章，制定了生产计划和各项制度。高级社成立之后，社员收入大增，没有入社的 6 户猎民也分别于 1957 年、1958 年先后入社。至此，新生村的社会主义改造工作胜利完成。

1963 年新生村参加鄂伦春族定居 10 周年庆祝活动

1963 年 9 月 18—19 日，在新生乡新生村举行鄂伦春族定居 10 周年庆祝活动，中央民族事务委员会政法司副司长刘郢、黑龙江省副省长李延禄、黑河专署副专员俞树田、爱辉县委书记陈兆铭出席大会并讲话。

鄂伦春族下山定居 10 周年庆祝活动

1984 年开始实行家庭联产承包责任制

1984 年年底，新生村开始实行农村改革，全面推行家庭联产承包责任制。除土地外，其他生产资料一律归农民个人所有，打破了“集体所有，统一经营”的模式。鄂伦春族每人承包 1.5 公顷地，共 111 公顷，还有 3 户承包了农业机械。是年，全乡 38 户鄂伦春族家庭有 10 户只种了部分土地，有 20 户将土地转包给他人，有 5 户分到承包地既没种也没转包，出现了“弃农归猎”现象。38 户鄂伦春族家庭全年合计收入 4.6 万元（其中两户收入超万元，一户倒挂），人均年收入 343.43 元，较 1983 年减少了 228 元。1986 年，新生村进一步完善了联产承包责任制，调整鄂伦春族农户承包形式：对有一定经营能力、愿意独立经营的 11 户，仍采取承包到户形式；无力独立经营的鄂伦春族农户在自愿的前提下，组建鄂伦春族农业生产联合体，党委派汉族党员于恒怀任组长，帮助领导生产。各级党委和政府对鄂伦春族农业生产联合体，从多方面予以扶持，是年解决化肥 16 吨，种子 2.1 万千克，以及春播所需油料等农用物资，收到了较好的经济效益。1997 年 4 月，在鄂伦春族农民的要求下，鄂伦春族农业生产联合体解散。

1993 年新生村参加鄂伦春族定居 40 周年庆祝活动

1993 年 8 月 22 日，新生村鄂伦春族同胞与各族同胞千余人一起欢庆鄂伦春族定居 40 周年。国家民委副主任李晋有、黑龙江省委副书记单荣范参加了庆典。大兴安岭、齐齐哈尔、杜尔伯特蒙古族自治旗和黑河市、内蒙古呼伦贝尔盟鄂伦春自治旗、莫力达瓦达斡尔族自治旗都派出代表团到场祝贺。以俄罗斯布拉戈维申斯克市长列亚什克为首的代表团参加庆祝活动。李晋有、单荣范在会上讲了话。黑龙江省代表团向

鄂伦春族下山定居 40 周年庆祝大会

每个鄂伦春族家庭赠送了毛毯，黑河市向新生乡政府赠送彩电，爱辉区向新生村每户鄂伦春族家庭赠送电饭锅、磁化杯，并向没有电视机的 8 户鄂伦春族家庭赠送电视机。庆祝大会后，鄂伦春族村民表演了自编节目，举行了射击、赛马比赛等表演和篝火晚会。

2003 年新生村参加鄂伦春族定居 50 周年庆祝活动

2003 年 8 月 18 日，新生村鄂伦春族群众穿上节日盛装，自发地跳起民族舞，喜庆鄂伦春族下山定居 50 周年。国家民委代表团团长、国家民委副主任杨建强出席庆祝活动并讲话，黑龙江省副省长王东华出席庆祝活动并致辞。王东华代表省委、省政府向全省 3800 多名鄂伦春族同胞表示祝贺，并向长期工作在鄂伦春族地区的各族干部群众致以慰问。出席庆祝活动的还有内蒙古鄂伦春自治旗的客人，以及来自俄罗斯的客人等。

鄂伦春族下山定居 50 周年庆祝大会

2012 年黑龙江省首届鄂伦春族古伦木沓节在新生村举行

2012 年 8 月 6 日，黑龙江省首届鄂伦春族古伦木沓节在新生村举行。国家民委副主任丹珠昂奔及省市各级领导、俄罗斯腾达区鄂伦春族代表团、内蒙古鄂伦春自治旗代表团、全省其他少数民族代表和国内知名鄂伦春族人士等 500 余人参加了此次盛会。同时，举办了鄂伦春族学术研究会、鄂伦春族剪纸、桦皮技艺及兽皮艺术作品展，民族文艺展演，传统祭祀，篝火狂欢，民族传统体育竞技等活动，取得圆满成功。此次活动是黑龙江省大型民族文化活动的重要组成部分，是全省鄂伦春族人民的节日。

鄂伦春族下山定居 60 周年庆祝大会

◉ 2013 年新生村参加鄂伦春族定居 60 周年庆祝活动

2013 年 8 月 16 日，黑龙江省暨黑河市鄂伦春族下山定居 60 周年庆祝大会在新生村隆重举行。以国家民委专职委员李文亮为团长的国家民委代表团，以省委副书记陈润儿为团长的黑龙江省代表团第一分团，以及市、区领导等参加庆祝活动。

鄂伦春族下山定居 60 周年庆祝活动

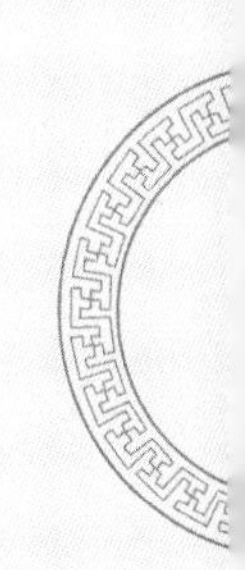

附录

◉ 文件　方案

关于培养选拔鄂伦春族干部的工作意见

鄂伦春民族是我国较少的民族之一。也是新中国成立时十几个处于原始状态的少数民族之一。定居以后，在党的民族政策的照耀及各级政府的关怀帮助下，政治地位不断提高，生活条件不断改善，各项事业也取得了很大成就。

我市是鄂伦春民族聚居的地区。全市现有鄂伦春族人口 1683 人，占全国鄂伦春族人口的 24.1%，占全省鄂伦春族人口的 46.9%。全市有 3 个鄂伦春族乡，聚居 818 人，其余分布在全市各地。

党的民族干部政策是党的民族政策重要组成部分。培养优秀少数民族干部，对贯彻党的方针政策，密切党和政府与少数民族群众联系，带领广大少数民族群众建设社会主义社会有着十分重要和不可替代的作用。新中国成立后，我市各级党委和政府都十分重视培养和选拔鄂伦春族干部工作，涌现出一批优秀的鄂伦春族干部，为社会主义革命和社会主义建设做出了积极的贡献。

当前，全市共有鄂伦春族干部 126 人，占鄂伦春族总人口的 6.15%，其中女干部 61 人，占鄂伦春族干部总数的 48.4%；副处级以上干部 4 人，占鄂伦春族干部总数 3.2%；副科级以上干部 21 人，占鄂伦春族干部总数 16.7%。从文化程度看，大专 28 人，中专 65 人。从年龄结构看，30 岁以下 41 人，31 ～ 40 岁 42 人，41 ～ 50 岁 36 人，51 岁以上 7 人。

鄂伦春族干部从数量上看虽然不少，但从整体素质上看并不高，还不能适应工作的需要，具体表现为“三多三少”的特点。即：干部总数多，适应需要的少；在边缘部门的多，主干线的少；在事业单位的多，在党政机关少。出现这一现象主要原因一是党的少数民族干部政策落实不好，思想不够解放。同时由于世俗的偏见，认为鄂伦春族干部素质低、能力差，不敢和不愿把鄂伦春族干部放在重要岗位委以重任。二是基础教育和干部培训工作滞后，造成有些鄂伦春族干部有文凭没水平，工作水平得不到提高，后继干部无人，出现青黄不接的状况。三是使用范围窄，由于我市 3 个鄂伦春族乡均处在偏远山区，视野狭窄，见识少，知识面不广，很难适应当前商品经济的发展。

鉴于我市鄂伦春族干部的现状，必须采取一些超常规措施，尽快提高现有鄂伦春族干部素质，改变使用结构，加大培养选拔力度，争取在“九五”期间在培养选拔鄂伦春族干部方面有所突破，应实行的政策和采取的措施是：

1. 提高认识，加强领导，加大培养选拔部伦春族干部的力度

我市是鄂伦春族聚居的地区，做好鄂伦春族干部的选择、培养和使用工作，有利于促进民族间团结和边疆的稳定，有利于民族地区经济的发展和民族的进步。市场经济的多元性决定了培养选拔少数民族干部的多层次性，市场经济的竞争性带来了培养民族干部的艰巨性，市场经济的开放性带来了做好民族干部工作的复杂性。因此，必须提高对培养选拔鄂伦春族干部的重要性和紧迫性的认识，切实加大工作力度。各级党委和政府必须认真贯彻党的民族干部政策，贯彻中央民族工作会议精神及中组部《关于进一步做好培养选拔少数民族干部工作意见》，落实省委组织部《黑龙江省2000年前培养选拔少数民族干部工作规划》和市委实施意见的要求，切实把这项工作纳入工作议程，明确责任分工，定期研究部署。组织部门要担负起牵头，抓总的责任。统战部门和民委主动配合，推荐人选，反映情况，建立起具有我市特点的鄂伦春族干部选择、培养、管理机制。要进一步解放思想，更新观念，采取一些超常规和更优惠的政策，使更多优秀的鄂伦春族干部脱颖而出。

2. 进一步落实少教民族干部政策，做好鄂伦春族干部选配工作，充分发挥他们的作用

要坚持在同等条件下优先选用少数民族干部，在鄂伦春族聚居的县（区）优先选用鄂伦春族干部。在逊克县、爱辉区四大班子中应配备 1 ~ 2 名鄂伦春族干部，其中应有 1 名在党政班子中任职。在市直及其他鄂族人口较多的县（市）区党政机关中也要积极配备鄂伦春族干部。要按《黑龙江省民族乡条例》要求，3 个鄂伦春族乡乡长和 1 名以上的副乡长由鄂伦春族干部担任，鄂伦春族干部在乡直工作人员比例要达到 40% 以上。

要拓宽鄂伦春族干部选配渠道，一是要打破行业界限，从目前鄂伦春族干部比例比较大的教育、卫生部门抽调一批干部充实乡级干部队伍。二是打破身份界限，从优秀农民、工人、待业青年中招聘乡直干部。在选配过程中既要坚持德才兼备的原则，又要摒弃世俗的看法，要看大节，看主流，克服只提拔而不重用的现象。三是要打破年龄界限，对具有较强的爱岗敬业精神及高度责任感的优秀的鄂伦春族干部，年龄可放宽 2 ~ 4 岁。在选配过程中，要特别注意年轻干部、女干部和非党员干部的选拔，加强科技专业人才队伍建设，使鄂伦春族干部结构趋于合理，以适应市场经济发展的需要。

3. 加强培训、教育和培养，努力提高鄂伦春族干部整体素质

一是要提高鄂伦春族干部的思想理论水平，进行党的基本路线、基本理论和党的民族政策的系统教育，增强他们贯彻执行党的基本路线的自觉性和坚定性。市委党校及各县（市）区党校办班时，要优先安排鄂伦春族干部学习，在市委组织部和民委每两年举办的少数民族干部培训班中，鄂伦春族干部的比例应不低于 20%。

二是要不断提高鄂伦春族干部的科学文化水平。针对部分鄂伦春族干部文化水平偏低和“有文凭无水平”的现象，在党校、干校学历班中对鄂伦春族干部招生要予以照顾，使“九五”期间现有鄂伦春族干部都达到高中以上文化水平。要重视专业技术干部培训，每年都要抽调一些有一定基础的鄂伦春族干部，到经济管理、农业、畜牧、工业等专业学校进修学习，以适应发展民族区域经济的需要。

三是加强鄂伦春族干部的实践锻炼。市里每年要从逊克、爱辉挑选 2 名以上鄂伦春族干部到市直有关部门挂职学习锻炼 3 ～ 6 个月，使其掌握较高层次的管理知识。民族乡的鄂伦春族领导干部及后备干部要由组织部门有计划地派到市内经济较为发达的大乡镇挂职学习锻炼，以增长其才干。同时，市及各县（市）区及组织和民族部门每年都要组织鄂伦春族干部到省外经济发达地区考察学习，以开阔视野，学习先进工作经验。

四是加强基础教育，建立一支数量充足、结构合理、素质较高的鄂伦春族后备干部队伍。要努力改进鄂伦春族基础教育薄弱，教学质量差的问题，要改善教学条件，两年内 3 个鄂伦春族中学都要达到“普九”验收标准。要提高教师素质，有关县（区）教育主管部门要选派一批素质高的教师充实鄂伦春族乡中小学，对现有的鄂伦春族教师要分期分批安排进修补课。实在不合格的，可安排做其他行政工作，争取在二年内改变有文凭无水平现象，坚决制止“恶性循环”的现状。为逐渐增加鄂伦春族干部比例，市内各大中专学校和职业学校，要在招生计划中实行倾斜政策，有计划地增加鄂伦春族学生名额。对 3 个民族乡中学毕业的学生，更要给予特殊照顾，实行定向招生、定向培养，录取分数线可降低 50 分以上，保证 3 个鄂伦春族乡鄂伦春族学生有 1/3 进入高中或中专继续学习。

进一步加大鄂伦春族后备干部培养力度，在逊克、爱辉上报的处级后备干部中，至少应有 1 ～ 2 名鄂伦春族干部。在民族乡和鄂伦春族人口较多的县（区）科级后备干部中，鄂伦春族干部要占一定的比例。在鄂伦春族后备干部培养过程中要落实培养计划和措施，做到因人制宜，有目的的定向培养。

为推进我市鄂伦春族干部培养、选拔工作，各级党委组织部、统战部和政府人事、民族部门，要建立定期召开联席会制度，密切配合。市里每年要组织一次检查，把我市培养和选拔鄂伦春族干部工作不断推向前进。

中共黑河市委组织部

中共黑河市委统战部

黑河市人事局

黑河市民族事务委员会

新生村传统村落保护整体实施方案

为贯彻落实党中央、国务院关于保护和弘扬优秀传统文化的精神，加大传统村落保护力度，推进新生鄂伦春族乡新生村传统村落保护工作，制定本方案。

一、指导思想

以党的十八大、十八届三中全会精神为指导，深入贯彻落实中央城镇化工作会议、中央农村工作会议、全国改善农村人居环境工作会议精神，从鄂伦春少数民族传统村落实际出发，遵循科学规划、整体保护、传承发展、注重民生、稳步推进、重在管理的方针，改善新生鄂伦春族乡鄂伦春少数民族人居环境，实现传统村落的可持续发展。

二、基本原则

坚持因地制宜，防止千篇一律；坚持规划先行，禁止无序建设；坚持保护优先，禁止过度开发；坚持民生为本，反对形式主义；坚持精工细作，严防粗制滥造；坚持民主决策，避免大包大揽。

三、基本要求

（一）保持传统村落的完整性。注重村落空间的完整性，保持建筑、村落以及周边环境的整体空间形态和内在关系，避免“插花”混建和新旧村不协调。注重村落历史的完整性，保护各时期的历史记忆，防止盲目塑造特定时期的风貌。注重村落价值的完整性，保护和挖掘传统村落的历史、文化、艺术、科学、经济、社会等价值，防止片面追求经济价值。

（二）保持传统村落的真实性。注重文化遗产存在的真实性，杜绝无中生有、照搬抄袭。注重文化遗产形态的真实性，避免填塘、拉直道路等改变历史格局和风貌的行为，禁止没有依据的重建和仿制。注重文化遗产内涵的真实性，防止一味娱乐化等现象。注重村民生产生活的真实性，合理控制商业开发面积比例，严禁以保护利用为由将村民全部迁出。

（三）保持传统村落的延续性。注重经济发展的延续性，提高村民收入，让村民享受现代文明成果，实现安居乐业。注重传统文化的延续性，传承优秀的传统价值观、传统习俗和传统技艺。注重生态环境的延续性，尊重人与自然和谐相处的生产生活方式，严禁以牺牲生态环境为代价过度开发。

四、主要目标

通过中央、地方、村民和社会的共同努力，用 3 年时间，使鄂伦春民族传统村落的少数民族文化遗产得到基本保护，具备基本的生产生活条件、防灾安全保障、保护管理机制，逐步增强传统村落保护发展的综合能力。

五、主要任务

（一）保护文化遗产

保护村落的传统选址、格局、风貌以及自然和田园景观等整体空间形态与环境。全面保护文物古迹、历史建筑、传统民居等传统建筑，重点修复传统建筑集中连片区。保护古路桥涵垣、古井塘树藤等历史环境要素。保护非物质文化遗产以及与其相关的实物和场所。

传统建筑保护利用示范工程项目：2014 年投资 110 万元，建设鄂伦春木刻楞房屋示范 4 户；2015—2016 年投资 360 万元，对新生传统村落 30 户鄂伦春木刻楞房屋进行修缮和恢复，其中 2015 年修缮 10 户、2016 年修缮 20 户。

历史环境要素修复工程项目：2014 年投资 55 万元，对新生传统村落迎宾门进行复古修复。

（二）改善基础设施和公共环境

整治和完善村内道路、供水、垃圾和污水治理等基础设施。完善消防、防灾避险等必要的安全设施。整治文化遗产周边、公共场地、河塘沟渠等公共环境。

防灾安全保障工程项目：2014—2015 年投资 50 万元购置消防车及消防器材；2015 年投资 210 万元完成导流渠和截流沟建设项目。

基础设施和环境改善工程项目：2014 年投资 167 万元，对 2600 米村内道路进行改造升级；投资 58 万元，新建路灯 90 盏；投资 205 万元，新建铁栅栏 9100 米。2014—2015 年投资 500 万元，新建服务接待中心 1 处。2014—2016 年投资 250 万元，新建 3

千米给水管线；投资 160 万元，完善环卫设施；投资 1100 万元，建设原始部落体验区及配套设施。2016 年投资 440 万元，新建 5.5 千米雨水管线；投资 515 万元，完成 5.15 千米污水管线建设；投资 300 万元，新建日处理污水 60 吨污水处理站 1 座；投资 300 万元，新建垃圾填埋场 1 处。

（三）合理利用文化遗产

挖掘社会、情感价值，延续和拓展使用功能。挖掘历史科学艺术价值，开展研究和教育实践活动。挖掘经济价值，发展传统特色产业和旅游。

2015 年投资 150 万元，新建狍皮手工技艺传承和狍子繁殖基地 1 处，对鄂伦春民族狍皮手工技艺进行传承和发展；2015—2016 年投资 270 万元，对桦皮、兽骨、刺绣工艺品加工等鄂伦春民俗工艺品加工及手工技艺进行传承；2014—2016 年投资 110 万元，实施鄂伦春民族文化保护和培训项目，对鄂伦春传统文化、歌舞、桦皮、皮毛、狩猎、饮食等民俗进行保护。

六、组织实施方式和支持措施

（一）组织实施方式

新生鄂伦春族乡新生村传统村落保护的责任主体为黑河市爱辉区人民政府。成立爱辉区新生传统村落保护领导小组。

组　长：张建国　爱辉区人民政府区长

副组长：徐　峪　爱辉区人民政府常务副区长

关永宏　爱辉区人民政府副区长

肖玉柱　爱辉区人民政府副区长

成　员：关　利　爱辉区住建局局长

赵青海　爱辉区财政局局长

孟冬梅　爱辉区文体局局长

陈国海　新生乡党委书记

史有文　爱辉区交通运输局局长

唐雪双　爱辉区水务局局长

王海鹰　爱辉区环境保护局局长

吴良俊　爱辉区民族宗教局局长

刘太忠　爱辉区农业局局长

吕继宏　爱辉区发展和改革局局长

季永涛　爱辉区监察局局长

孙玉涛　爱辉区审计局局长

王　超　爱辉区旅游局局长

吴学英　新生鄂伦春族乡乡长

领导小组下设办公室，办公室设在爱辉区住建局。

主　任：关　利　爱辉区住建局局长

副主任：吴学英　新生鄂伦春族乡乡长

历　娟　爱辉区住建局副局长

蒋世宝　爱辉区文体局副局长

成　员：秦立强　新生鄂伦春族乡副乡长

张　辉　爱辉区住建局村镇建设办公室主任

领导小组工作职责：协调区住建、文体、财政、民委、环保、交通、水利等部门，积极推进本方案的落实。定期召开会议听取本方案的推进落实情况，并研究解决相关问题，确保方案按计划、高质量、如期实施。建立健全项目建设、运行、管理长效机制。

办公室工作职责：负责本方案的具体推进落实，并协调相关部门做好配合。及时向领导小组汇报本方案的具体推进落实情况及存在的困难和问题。建立本方案推进工作档案。

（二）支持措施

通过积极申请国家专项补助资金和省财政扶持资金，加大区级财政资金投入力度，整合住建、文体、民委、环保、交通、水利等部门资金，同时采取吸收社会资金等方式对新生鄂伦春族传统村落保护和建设给予扶持。

2014—2016 年，新生鄂伦春族乡新生村鄂伦春族传统村落保护项目计划总投资 5310 万元，其中申请国家专项补助资金 3980 万元，各级地方政府投入资金 760 万元，村集体和村民投入资金 40 万元，其他社会投入 530 万元。

各级地方政府投入资金通过增加财政预算予以解决，村集体和村民投入资金通过以工代赈、技术入股和有偿入股等方式解决。

七、完善保护监督管理机制

由爱辉区新生鄂伦春族乡政府对新生村传统村落进行行政管理，由领导小组办公室进行组织引导，聘用现代高级管理人员，实施规范有效的管理。同时，按照国家传统村落保护相关要求，制定出台新生鄂伦春族乡新生村传统村落保护发展规划实施监督管理办法和项目实施情况检查制度，细化和落实管理责任，规范传统村落保护行为。

◉ 习惯法

鄂伦春族习惯法

鄂伦春族人在长期的原始社会生活中，逐渐形成了一整套传统习惯，并形成了维护这种传统习惯的习惯法。他们世世代代依据它来维护社会秩序，调整社会成员之间的关系。随着经济的发展，习惯法也随之而变化。但各地的习惯法大同小异。新中国经历了巨大的社会变迁，习惯法依托于赖以为生的社会环境，而鄂伦春作为一个现今只有 8000 多人的民族，其习惯法也在发生巨大的变化。在国家法与民间法、制定法与习惯法、纸面上的法与行动中的法的互动过程中，全国各少数民族，依据宪法和民族区域自治法的规定行使自治权利。自治机关可以制定自治条例和单行条例，有权在不违反宪法和法律的原则下采取特殊政策和灵活措施，上级国家机关的决议、决定、命令和指示如有不适合民族自治地方实际情况的，自治机关可以报上级国家机关批准，变通执行或者停止执行。

一、氏族

（1）每一氏族都有自己固有的名称，也同时有了简称，如玛拉依尔氏族为孟姓、莫拉乎氏族为莫姓。

（2）每一氏族基本上沿着一条大的河流居住。

（3）其他民族成员娶鄂伦春女子为妻后可另立一个新的氏族，但必须保持原来的姓。

（4）要尊敬长老。年轻人见了长辈要屈膝请安，不能直呼长辈的名字。如有的物件与长辈的名字相同，应给它另起一个名称。

二、“木昆”

（5）若干个同姓“乌力楞”组成一个“木昆”。

（6）每一“木昆”设一“木昆达”，由所在氏族的男性选举产生。

（7）“木昆达”主持“木昆乃岳苏”。

（8）“木昆达”必须是办事公道、辈分高、狩猎技术好的人来充任。

三、“乌力楞”

（9）每一“乌力楞”仍保留固有的名称。

（10）同一“乌力楞”的人可以自由迁出，也可以自由迁入。

（11）“塔坦达”的名称仍保留，但它已不是“乌力楞”的首领。

四、个体家庭

（12）一夫一妻及其子女组成个体家庭。

（13）个体家庭按男系计算，由父亲主持家务。如父亲年迈或已死亡，长子可为家长。长子主持家务时，要和长辈商量。

（14）如家庭人口较多，一个“斜仁柱”已难以容纳时，可另立一个“斜仁柱”。父母一般跟幼子一起居住。

（15）家庭中无子女，可在氏族内部过继养子，也可接受其他氏族成员为养子。养子的姓氏由养父同养子的氏族商量决定。养子有扶养养父、养母的义务。

（16）家庭中有女无子或子很幼小，可以招女婿。招女婿有两种形式：长期入赘，有期限的入赘。长期入赘者，一般是女方家庭没有兄弟，入赘者有义务扶养女方父母终身。有期限的入赘，是待女方幼弟长大后，能够担负起扶养父母的责任时，入赘者就分户另行生活。入赘者不改变原来的姓氏。

（17）在家庭中，男女按性别实行简单的分工。

（18）妇女不能住“斜仁柱”内的“玛路”席，也不能到“斜仁柱”的后边去。

（19）不准向“斜仁柱”中升起的篝火吐痰、洒水，不准烧蹦火星的木柴。每次饮食要先敬火神。

五、生产资料的占有

（20）猎场、森林和河流等天然的生产资料都属公有，不属于任何一个“乌力楞”或小家庭所有。

（21）每个“乌力楞”都有习惯的猎区。但如果到了别的“乌力楞”习惯的猎区内狩猎，他人也无权干涉。

（22）马匹、猎犬属于小家庭私有。马匹在家庭中一般是分开专用，有男人使用的马，妇女使用的马，还有驮神像用的神马。神马绝对禁止妇女骑用。怀胎的骒马不准驮运猎获的熊或獐子。

（23）猎枪、猎刀、猎斧、枪架、马具以及熟皮工具等也属小家庭私有，一般都分别由个人专用。

（24）桦皮船、鱼叉、渔网和鹿哨等生产工具也归小家庭私有，但谁用谁拿，不归个人专用。

（25）鱼亮子如果是全“乌力楞”的人集体制做的，就归“乌力楞”公有，如果是小家庭制作的，就归小家庭私有。

（26）“斜仁柱”、仓库属于小家庭私有。

六、劳动组织

（27）一个“乌力楞”可组成几个“安嘎”，分头远出狩猎。

（28）每个“安嘎”都是临时组成，自由参加，人员不固定。

（29）每个“安嘎”在出猎前，要选出“塔坦达”一人负责领导。当选“塔坦达”的人，必须是狩猎经验丰富而又年龄较大的人来充任。

（30）冬季出猎，每个“安嘎”都要选出或由“塔坦达”指定“吐阿钦”一人，负责炊事、照料马匹等工作。

（31）春、夏、秋三季以“安嘎”形式出猎，各个小家庭成员均可随行，即分头担负“吐阿钦”的工作，不再设专人。

（32）两个“乌力楞”的“安嘎”偶尔在猎场上相遇时，经双方商定，可以联合起来狩猎，也可以由一方离开到其他猎场去。

（33）鄂伦春人可同达斡尔人在一起“打股子”。

（34）可以单独进行狩猎。

（35）一个“乌力楞”内，由几个人事先商量集体去捕鱼，但无一定的组织。

（36）可以单独捕鱼。

（37）到野外采集，一般是一个“乌力楞”内的妇女集体去。如果路远，可请一个男人带着，由他起护卫作用。

（38）手工业由各个小家庭的妇女分头进行。

七、生产中的禁忌

（39）在狩猎期间，不准唱歌、跳舞或吵闹。

（40）出猎前不准说一定会打到什么野兽或打到多少一类的话。

（41）不许射击正在交配的野兽，要等交配完了再射击。

（42）对熊、虎、狼不能直呼其名。如对熊，应称呼它为“雅亚”或“太帖”。

（43）猎获鹿、犴、熊、野猪后，开膛时心脏和舌头须连在一起，不能随便割断。煮熟后，吃的时候才可以割断。

（44）用狍哨引来的狍子不能割下脖子。

（45）丈夫或妻子死后，其配偶三年内不能吃兽肠和兽头肉。

（46）打死了熊，必须举行一整套风葬仪式。

（47）狩猎时，不许把木棍横放在经过的路上，要顺着放。

（48）出猎中烧的木柴要砍得短短的，否则打猎日子就要拖长。

八、借贷关系

（49）借用马匹，一般不取报酬。

（50）出租马匹，租金有如下三种：一是彼此换工。马匹出租给其他民族，对方给打羊草或代耕土地。二是给钱或给粮。马匹出租给其他民族，对方按月给一定的钱或粮食。三是猎品按比例分成。一般是二八开、三七开或四六开，即马方得二成、三成或四成。马匹在狩猎中有伤亡，猎品可对半分，但对马即可不必赔偿。

（51）枪支、弹药，猎手之间可以互相借用，用后归还，不取任何报酬。

（52）桦皮船可以借用，用后放回原处。

（53）外出途中如果食物不足，可到附近“乌力楞”的仓库内去取，以后如数归还即可。如果拿的只是兽肉，也可以不还，事后告诉物主即可。

（54）“乌力楞”内各户之间，可以互相借用兽皮、兽肉，以后归还。如兽肉一时缺少，也可以不还。

九、分配

（55）以“安嘎”组织形式出猎，产品的商品化部分和兽皮，在猎手间平均分配。兽肉以“乌力楞”为范围按户进行平均分配。

（56）在“安嘎”内，猎手与“吐阿钦”都同样分得一份。随同出猎的寡妇也可分得一份。其他妇女，如家中已有男子参加狩猎，只能酌量分给一些，最多也只能得半份。

（57）兽皮如不足数，采取轮流分配方法。即甲打中者分给乙，然后再分给丙、丁。

（58）在“安嘎”集体狩猎时，各人投入马匹多少，以及投入生活资料多少等，均不影响平均分配。

（59）两个“安嘎”一起联合狩猎时，所获猎品在两个“安嘎”内进行平均分配。

（60）达斡尔人与鄂伦春人合伙“打股子”时，根据事先商定，可以对半分，也可以在猎手间平均分配。

（61）单独狩猎时，猎品的商品化部分和兽皮即归个人所有，兽肉以“乌力楞”为范围按户进行平均分配。

（62）如果一个猎手打到狍子后正在剥皮时，另一个一无所获的猎手碰上，前者就要让他剥皮，剥完后送给他一大半肉。

（63）冬季组织“安嘎”出猎时，猎获的兽肉先由全“安嘎”的人共同消费。剩余部分才驮回“乌力楞”，在“乌力楞”内按户进行平均分配。

（64）凡集体捕获的鱼，要在集体中进行平均分配。

（65）单独捕获的鱼，归个人所有。

（66）采集的野菜、野果，谁采的归谁。

（67）家庭手工业制成品，归小家庭所有。

十、财产继承

（68）父母死后，其财产由儿子继承。

（69）兄弟如分居，由父母主持财产分配。如发生争执无法解决时，由舅父决定。

（70）死者如无儿子，其财产可由氏族内五代以内的男性近亲继承。

（71）长期入赘者有权继承岳父母遗产，但必须对其善后作妥善处理。

（72）养子有权继承养父的遗产。

（73）如死者无男性近亲时，其未出嫁女儿才可以继承其财产。

（74）死者生前有遗嘱指定者，有权继承其遗产。

十一、婚姻

（75）氏族内部严禁通婚。

（76）辈分不同者一般不能通婚。

（77）婚姻缔结由父母做主。一般男女到六七岁时即由父母给订下婚约，到十五六岁即可成婚。也有指腹为婚的习惯，即在诞生前由双方父母说定，如果生下一男一女就结为夫妇，如是同性就结为义兄弟或姐妹。

（78）订婚时，男方家要送给女方家一定数量的彩礼（主要是马匹）。结婚时，女子从娘家带回彩礼和娘家送的东西，但不能带走剪刀、镜子、茶壶等。

（79）结婚后妻子不能生育，丈夫可以续娶第二个妻子。

（80）男子主动提出离婚时，男方无权索还已给女方的彩礼，女子则有权带走自己所带来的马匹和其他财产。

（81）女子主动提出离婚时，男方除有权索还已给女方的彩礼外，并有权要求女方赔出一匹马，作为认亲时磕头的抵偿。

（82）寡妇如有儿子，一般不能再嫁。如其娘家提出坚决要她再嫁时，得把儿子抚养长大才行。

（83）寡妇再嫁，须把男孩和一切财产留在夫家，女孩可以带走。

（84）寡妇再嫁，如其娘家向再嫁的男方家要彩礼时，原夫家有权向女方要还彩礼。

（85）订婚后男女中有一方死去，男方家庭不能提出索还已付的彩礼。

（86）姐姐死后，妹妹可以嫁给姐夫，但妹妹死后，姐姐不能嫁给妹夫。哥哥死后，弟弟可娶其嫂为妻，但弟弟死后，哥哥不能娶其弟媳为妻。

（87）孕妇不准在“斜仁柱”内分娩。分娩时必须在“斜仁柱”外东南方另搭一产房。男子和其他的孕妇均不得进入该产房。

（88）孕妇不许铺熊皮或獐子皮。

（89）已出嫁的妇女回到娘家来不许刷锅。

十二、丧葬

（90）有风葬、土葬和火葬 3 种。一般死者只实行风葬或土葬，只有孕妇死后才实行火葬。

（91）有子女的老年人死后，须在“斜仁柱”内停留 3 ～ 5 天才入殓。青年人死后当天或次日即可入殓。

（92）入殓时，要把死者生前所用的马具、碗筷、烟袋等物放入棺内。如是男子，还要放入一副弓箭。如是女子，还要放入熟皮工具和针线盒。

（93）出殡时，须请萨满祷告，以驱逐死者的灵魂。

（94）葬后 3 天，死者的配偶和子女须到死者的墓前烧纸，并在每年的除夕给死者烧纸一次。

（95）外出途中，死者的子女或亲友路过死者的墓地时，必须敬烟、磕头。

（96）老年人死去后，3 年以内每年都要供祭。最隆重的是周年祭，届时死者亲友都来参加祭祀。

（97）对鳏寡孤独的丧葬，由“乌力楞”内各户商量着办。一般不办周年祭。

（98）死者的子女及氏族内五代以内的近亲，要给死者戴孝致哀。如死者是女人，留下有子女，其丈夫给死者戴孝 3 个月，没有子女的只戴孝七八天。如死者是男人，其妻和子女须给死者戴孝 3 年。

（99）服丧期间，不准理发，不准穿新衣服，不准参加娱乐活动，不准同别人吵架，不准再娶或改嫁。

（100）服丧期满后，服丧者本人不能自己脱孝衣，须请其他氏族的一男一女两人帮助脱掉孝衣。

十三、宗教

（101）每一氏族有一个“木昆”萨满，也允许有几个“木昆”萨满。另外还有若干“德勒库尔”萨满。

（102）男女都可以当萨满。出嫁的女萨满死后，必须将其神衣、手鼓和供奉诸神接回到她原来的氏族。

（103）萨满仍是自食其力的劳动者。进行宗教活动没有氏族限制，一般不取任何物质报酬。

（104）萨满举行祭神仪式时，氏族成员须各自带着猎获物前来参加。仪式举行以后，就共同消费这些猎获物。但妇女不能吃熊的前半身。妇女在月经期和产期，也不能吃其他野兽的头和心脏。

（105）逢年过节、人畜有病或祈祷狩猎丰收时，人们都要磕头祭神。远出行猎时，打到的第一只野兽必须先供奉山神。

（106）“阿嘎钦”是占卜者，给人们算卦不取任何物质报酬。

（107）“屋托钦”给人们治天花、麻疹，不取任何物质报酬。

十四、血族复仇

（108）氏族内如有人被杀害，被害者的近亲有义务对凶手进行同样的报复。

十五、对违犯习惯法的处理

（109）对违犯日常生活习惯的人，一般由老年人说服教育。互相斗殴，双方都要受到棍打。

（110）已婚妇女因和丈夫感情不好而逃离时，抓回后要被痛打。未婚男女因恋爱而私奔，抓回后都要受到棍打，或用马拌绞大腿。严重者可处死。同一氏族的男女发生不正当关系，从严处理，甚至要被绞死。

（111）借债期满不还者，债权人可以拉走欠债者的马匹，但只限于骟马，不能拉走骒马及种马。

（112）家中无马而偷了别人的马，只要承认错误，将马送还了事。如果偷的马已经逸去，也可不予追还。

家中有马而又偷了别人的马，如果偷者不承认错误，要送交官方处理。

（113）误杀了人，杀人者要抚养被杀者的家庭成员到能独立生活时为止，或者用一定数量的马匹来作抵偿。

互相斗殴而致一方死去者，另一方不负任何责任。故意杀人者要偿命，或交官方处理。

（114）凡是内部调解不了的问题，或经过调解而双方不服者，一律送交官方处理。

树影

主要参考文献

1. 孙蓉图修，徐希廉纂：《瑷珲县志》，1920 年。

2. 祁学俊主纂，爱辉县修志办公室主编：《爱辉县志》，北方文物出版社，1986 年。

3. 中国政协黑龙江文史资料委员会：《山岭上的鄂伦春人》，黑龙江人民出版社，1989 年。

4. 林盛中：《鄂伦春民族人口新论》，黑龙江人民出版社，1993 年。

5. 王兆明主编，黑河市地方志编纂委员会编：《黑河地区志》，生活·读书·新知三联书店，1996 年。

6. 祁学俊：《黑河史话》，黑龙江人民出版社，1997 年。

7. 李宝书主编，黑河市地方志办公室编：《黑河简史》，黑龙江人民出版社，1999 年。

8. 杨永茂主编：《黑龙江简史读本》，黑龙江人民出版社，2002 年。

9. 王兆明主编：《新生鄂伦春族乡志》，黑龙江人民出版社，2003 年。

10. 胡堡冬、赵冬梅：《鄂伦春史话》，安徽师范大学出版社，2012 年。

11. 盖玉玲等：《爱辉古今名人传》，黑龙江人民出版社，2014 年。

白桦林

编纂始末

2016年11月，中国地方志指导小组办公室决定启动中国名村志文化工程，《新生村志》被纳入第二批中国名村志文化工程。在中国地方志指导小组办公室（以下简称“中指办”）和省志办领导的关心和指导下，在市、区、乡各级党委和政府的支持下，经过专、兼职修志人员的辛勤笔耕，《中国名村志丛书·新生村志》（以下简称“村志”）终于付梓。搁笔伏案，感慨万端。

鄂伦春族自古在大、小兴安岭的高山密林中繁衍生息，是中国六小民族之一。鄂伦春族精骑善射，世代靠着一杆枪、一匹马、一只猎犬游猎在茫茫的林海之中，直到20世纪50年代初，才开始走出白桦林，走出兴安岭，开始半耕半猎的定居生活。1953年9月，在党和政府的关怀下，瑷珲县域内鄂伦春族在刺尔滨河与索尔奇干河的汇流处成立新生村定居，实现了从原始社会一步进入社会主义社会的大跨越。鄂伦春人在长期的游猎生活中，形成了自己的民族文化。鄂伦春族作为一个只有自己语言没有自己文字的民族，非物质文化遗产随着岁月的流逝亟待发掘和传承。岁月无声，方志传世，方志工作者秉承“执笔著信史，彰善引风气”的使命感和责任感，编修《中国名村志丛书·新生村志》，为鄂伦春族在历史的长河中留下浓墨重彩的一笔。

黑河市志办组织专家承编村志任务，从开始筹划到最后完成，历时10月有余。在编纂中，中指办的专家们亲自修改，精雕细琢，几易篇目，最后确定村志篇目。市志办克服了新生村文字资料保存很少、资料零散和欠缺、有些民族传承人已经离世等困难，组织编写人员多次实地搜集资料，采访鄂伦春史学专家和鄂伦春族传承人，调阅档案等。编辑人员不辞辛苦，笔耕不辍，仅用半年时间就形成了村志初稿。省志办召开专家评审会，对村志初稿进行了细致认真的评审，市志办主任田桂珍和爱辉区主管副区长孟宪辉参加了评议会。会后，市志办组织编写人员梳理专家修改意见，对资料进行了去粗取精、去伪存真、删除繁复及大刀阔斧的修改，在篇目设计和体例上进行了科学设计，使村志更合乎体例规范。评议稿修改后报中指办终审，根据中指办专家的意见，编写人员对村志终审稿进行了精益求精的修改，特别是在结构调整、内容增删、史实考证等诸多方面进行了认真的修改增补。为了使资料翔实准确，担任本书副总纂的潘树仁以70岁高龄又深入新生村，对鄂伦春族户数、人口构成、民族风俗等方面进行了调查核实，使资料更加完整准确。市志办集中精力分工协作，北安市志办副主任闫岩在总纂中对资料的翔实准确和增删做了大量的工作。历经一个月的紧张修改、精雕细刻、反复打磨，在所有参与村志编写人员的共同努力下，终于完成了凝结着集体智慧和辛勤汗水的村志。

这部村志之所以能够在短时间内完成编写任务，离不开中指办、黑龙江省志办，各级党委、政府的亲切关怀和大力支持，离不开社会地方史学专家对村志无私提供资料，离不开社会各界的鼎力支持。黑龙江省地方志办公室原主任隋岩率队到新生村实地调研；黑河市委、市政府高度重视村志纳入国家文化工程，市长马里担任编委会主任；爱辉区委书记张建国、区长周强十分关注此项工作，在人力、物力方面给予了大力支持；新生乡党委、乡政府抽调乡人大副主席和档案管理员配合村志资料的搜集和整理，并组织鄂伦春文化传承人讲述。《新生鄂伦春族乡志》主编王兆明、鄂伦春族历史研究专家白长祥提供了大量的文字和图片资料；黑河市的地方史爱好者、摄影爱好者提供了珍贵的口述、文字和图片资料等，使村志资料更加丰富，更有可读性。爱辉区地方志办公室、瑷珲历史陈列馆、黑河博物馆、岭上人博物馆等单位都对村志的编写提供了无私的支持。真可谓“众手成志”，在此一并表示衷心的感谢。因本书中所选照片及文章众多，部分作品未能在出版前联系到著作权人，请著作权人看到后与我们联系，我们将奉上稿酬。

历史的长河奔涌向前，我们衷心祝愿鄂伦春民族在党和政府的领导下更加团结进步、前程似锦、生活更美好！

本书在编辑过程中，难免有疏漏和错误，敬请读者斧正。

编　者

2018 年 11 月